山田方谷の陽明学と教育実践

倉田和四生 著

大学教育出版

はしがき

戊辰戦争は備中松山（高梁）にとって悲惨な被害をもたらした忘れ難い悪夢である。藩主の板倉勝静が老中首座であったため、備中松山藩は朝敵と見なされ征討軍をさし向けられた。藩は征討軍に恭順の意を示したので直接の戦火は免れたものの、一年八か月にわたって占領された。明治二年九月に再興を許された時、藩の石高は五万石から二万石に削られており、藩名は松山から高梁に変えられていた。会津や長岡でも変えられていないのに松山は高梁へ、箱館は函館へと変えられた。全領民は屈辱にひたすら耐え忍んだのである。

戦乱期の藩の実動対策隊のリーダーは三島中洲であったが、監督はやはり山田方谷であった。三島は要点は方谷に相談し結果を報告した。方谷は動乱のただ中、刻々と状況が変化し、重大事件が突発する事態を瞬時に判断して対処した。三島中洲や川田剛等はこの動乱のなかで、山田方谷が稲妻のように閃《ひら》めかす陽明学の真髄「事上磨練」を瞬時に身につけたという。

まず「戊辰戦争には何の義もない争いであるから、犠牲を払って戦う必要はない。何よりも領民の安全を守るべきだ」と恭順を主張し、皆を説得して平和を守った。

ところが次の征討軍との交渉で示された謝罪文案に「大逆無道」とあるのを見た方谷は一転、「わが板倉勝静侯には尊皇の志殊の外厚く、一度たりとも朝廷に刃を向けたことはない。この四文字は自らの命（方谷は遺言を書き残していた）に代えても受けられない」と言い切った。方谷の命がけの言葉を伝え聞いた征討軍の伊木若狭総督（方谷を尊敬していた）は「軽挙暴動」に代えて交渉を終結させた。

第三に、幕府の老中首座と武士の誇りにかけて、最果ての北の山野に朽ち果てんと思いつめている旧藩主板倉勝静を救うべく奇想天外の手を打った。すなわちプロシア商船を雇い、勝静をだまして箱館から江戸へ救い出したのである。そこにみられた一瞬の決断はまさに陽明学の真髄であり「事上磨練」そのものであった。

戊辰戦争がおさまった明治四年、京都に残っていた会津藩の山本覚馬は京都府の要職にあったが、明治七年アメリカ帰りの新島襄が日本を創り変えるため新しい学校を創るという計画を聞くと心から共鳴し、計画実現のために「同志社」という名の結社をつくり、自分が所持していた六千坪の土地をずい分格安に提供するという熱の入れようであった。

さて新島襄は上州安中藩の江戸藩邸で育ったが、安中藩は備中松山藩とは先祖（板倉家）を同じくする親戚藩であったので、江戸では双方の藩士間には親しい交流があったようで、新島襄と弟は松山藩士の川田剛の塾に通っていた。新島は海軍で身を立てようと思って築地の軍艦操練所に入所して訓練に励んでいたが残念なことに眼病にかかったため中退した。ところがその頃、松山藩が三百五十トンの軍艦快風丸を購入したので、江戸から玉島港まで初航海をするに当たって、操艦の経験がある新島に声がかかり、操船に参加して玉島に到り、松山城にまで登ったという。

このような操船が縁で新島の視界はますます海外に広がり、日本脱出を考えるようになる。そんなある時、再び江戸の町で快風丸の船員と会った新島は「快風丸が近く箱館に行くが一緒に行かぬか」と誘われ、狂喜した新島は「是非つれて行ってくれ」と頼む。こうして新島は語学習得のため箱館に遊学することになるが、乗船許可も遊学許可も松山藩士の助けによって、無事に許可を取ることが出来たそうである。

こうして新島は箱館に行って語学の習得にかかり、やがて日本脱出を敢行することになるが、それは誰かの助けなしには実行出来ない危険な企てであった。その危険な作業を助けたのも松山藩士の船員であった。要するに新島は松山藩士の助けで日本を脱出してアメリカに行けたのである。

明治十三年二月新島が備中松山にキリスト教の伝道に来たのは、その時のお礼に福音をもたらすためであった。

本書は平成二十四年七月十五日、岡山市で「全国山田方谷学会」主催の講演会で筆者が行った講演をもとにまとめたものである。

その基本テーマは「方谷の陽明学」と「方谷の教育実践」である。第二章で取り扱った方谷の陽明学については、方谷が明治六年から九年まで閑谷学校で行った講義をもとにしている。それは方谷の朱子学批判を通して朱子と王陽明との相違点を指摘したあと方谷独自の境地について述べている。

方谷の教育実践については第五章で取り扱っているが、岡本巍、島村久、谷川達海と古稀の老儒山田方谷との魂の交流はこの世に実現した愛の学校であり、終焉の光芒であった。

次にこれらの基本テーマに加えて三つの課題がある。その一は第一章で板倉勝静と山田方谷の人間関係の形成と発展をとりあげた。君臣水魚の交わりは戊辰戦争によって断絶の危機に瀕したが、方谷の奇策の実行によってつなぎとめられ有終の美を飾ったことを述べた。

その二の課題は第三章に陽明学とキリスト教の関係について取り扱った。古くは序論でとりあげた徳川幕府の儒官、林羅山によって熊沢蕃山の陽明学をキリシタンの亜流と断じ非難攻撃したこと、次に幕末長州の戦略家、高杉晋作が長崎でキリスト教に接した際に、これは陽明学だと叫んだことが知られているが、明治に入ってプロテスタントの伝道が活発になされるようになると陽明学徒の中に、比較的多くの受洗者が輩出したと言はれていることを切り口にして、キリスト教徒の知性（内村鑑三、新渡戸稲造、植村正久など）が陽明学をどう評価したかを究明した。

三つ目の課題は第四章において明治初期の近代化が備中高梁においてどのように展開したかを論究するため、社会を四つのサブ・システムすなわち政治、医療、教育、宗教の側面に分けて検証した。備中高梁の近代化の特徴はこれら四つの側面がバラバラに進行したのではなく、きわめて緊密に関連し合っているところにあるといえよう。

高梁の近代化を推進した人物には、なかなかの役者が揃っていて目の醒めるような演技を見せた。政治の柴原宗助、医療の赤木蘇平、教育の福西志計子、宗教の二宮邦次郎などである。しかも興味深いことにには彼らはすべてマルチ・タレントであった。例えば柴原は政治結社「開口社」を作り、県会議員を務めたが、同時に高梁病院を設立し、順正女学校の初代校長を務め、さらに安息日学校の校長となり、高梁教会が創立されるとまっ先に洗礼を受けた。これらの人達は高梁の近代化の重い扉を開けた偉大な貢献者であった。

ことに宗教の分野では因縁の新島襄がもたらしたキリスト教は二宮、赤木、福西達の血のにじむような努力によって高梁という町へ着実に浸透してきた。支持者の中核は医師・薬剤師グループ、小学校教員グループで、資産家・知識人の一部が支援した。しかも敵役にも恵まれていた。島原・天草の乱の討伐軍の指揮官すなわち幕府上使板倉重昌は藩主板倉家の先祖の一員であったから、もともと備中松山藩にはキリシタン嫌いの人が多かったという。明治十四年の福西志計子の私立裁縫所の設立に始まり、十七年の夏になると高梁の町の伝統的価値の保持者の我慢の緒がついに切れ、プロテスタント史上最大の迫害が燃え上った。迫害の知らせを受けた岡山県令高崎五六はキリスト教への迫害は国際問題になるからと、急いで鎮静させるために岡山市から多数の警部を高梁へ急派したという。漢訳聖書を読みキリスト教の要理を理解していた泉下の山田方谷は、そのドラマをどのように見たのであろうか。それは近代社会がしっかりと根づくために避けることの出来ない十字架――尊い犠牲であったのかもしれない。

平成二十七年十月

倉田和四生

山田方谷の陽明学と教育実践

目　次

山田方谷の陽明学と教育実践

序　論

岡山県における教育の伝統

一　池田光政の心学（陽明学）と教育政策

(一)　名君池田光政の業績

藩主としての在勤の期間に隠居後をも合わせると約五十年間、備前岡山に君臨した池田光政が名君の名をほしいままにしているのは、まず明確な理念を持って政治に当たったこと、ことに経世済民に尽力したことがよく知られている。ここでは名君たるもう一つの内実として、光政が士族だけでなく庶民のための「教育」に異常な程の意欲をもって実践した事実に光を当ててみよう。

(二)　君主の儒

光政は鳥取藩主の座について五年目の頃、板倉伊賀守勝重(1)に治国の要諦について質問したところ、板倉は「大国の領主としてはとくに寛仁の徳が肝要である」(2)と教えた。そこで自らも「君子の儒」となって領民を教導しようと決意したという。

ところで君主の儒とは「道を学んで独り己を修めるのみでなく、天下をもって自己の任とし、かねて天下を善くしようとするもの」[3]であるから、光政は儒学をあつく崇敬していた。

このようにして光政は儒学に開眼し、それを自らの政治に生かそうと努めたのである。

(三) 中江藤樹を崇敬する

光政は、はじめ儒学のなかでも熊沢蕃山を通して王陽明の学を知り、これを熱心に修学して政治に生かした。熊沢蕃山は寛永十一年(一六三四)に岡山藩に仕えたが、数年後に致仕した。そのあと蕃山は中江藤樹に学んで、正保二年(一六四五)に再び岡山藩に召し抱えられ、光政に陽明学を修めるよう勧めた。すると光政は藤樹の学殖と人格に心酔し、藤樹を召し抱えようとしたが、藤樹は老母が病いのため、郷里を出ることが出来ないという理由で断わったので、その近身者や門弟を招聘することとなった。

その後も光政は藤樹をいたく尊崇し、手紙によって意見を交換したり、また参勤の途中で大津の近辺に宿をとり、藤樹を招いて懇談した。

さらに藤樹の死後にはその位牌を岡山城の西の丸に祀ったと言われている。

(四) 中江藤樹の近親者と子弟の招聘

慶安四年(一六五一)藤樹の長子左右衛門は岡山に招かれ、賓客として待遇されたが二十三才で病死した。次子の彌三郎も四百石の禄を与えられ光政の在世中は勤めていたが、光政が天和二年に逝去し、綱政の時代となったので致仕して帰郷した。

藤樹の子弟としてはまず熊沢蕃山とその弟の泉八右衛門、さらに藤樹の門人中川権左衛門、加世八兵衛などが光政に抱えられて勤めた。

(五)　王学の奨励

光政は自ら王学を修め「仁」の政治を実行しようと努めたが、それにとどまらず、その子綱政や重臣たちにもそのことを期待してやまなかった。たとえば光政と学問上の親友であった久世大和守広之が、万治二年（一六五九）綱政に向かって、「父の仕置を守り志を同じうしてゆくためには、是非とも父と同じ心学を修めるように」と忠告したことがあるが、このとき光政は、綱政の介添役である水野宇右門・上坂外記に対しても、綱政が学問（心学）を怠らぬように補導することを要望したという。

また慶安四年（一六五一）家老の池田出羽が熊沢蕃山の学問について不平を述べ、ちっとも合点がいかず、またなに一つ役に立つこともないと述べたのに対して、光政は出羽にむかって、「学問への志がなくて傍観的であればそのように思うのは当然である。貴方も心学を習得しようとする意欲がでれば、蕃山の説くところがよく理解できるのであるから、もう少し本気になって学問をされよ」と自発的な修学を勧奨している。さらに家老たちに向かっても、心学が国を治める上にきわめて有益であることを確信をもって強調している。このように当時の光政の学問、ひいては岡山藩学は王学（心学）であり、寛永末年に藩校の前身として設立された花畠教場も王学精神のあふれたものであった。

(六) 花畠教場・花園会約と熊沢蕃山

光政は儒学に基づく政治理念を創造し、理想的な政治を展開しようと試みた。

ことに熊沢蕃山を通して中江藤樹の心学(陽明学)に強い関心を抱いた光政はこの学問とその理念を学ぶべく、第一に藤樹を岡山に招くべく要請したが、藤樹は老母への孝養を理由にその要請を断わった。そこで光政は蕃山を三千石の番頭に登用して政策を施行させた。

先にふれた藤樹の近身者、藤樹の長男左右衛門、次に次男彌三郎、さらに藤樹の門人、中川権左衛門、加世八兵衛らが蕃山の推挙によって招致された。

これらの人達は上道郡花畠にある「花畠教場」に集まって文武を修めた。ここに集まった人達は藤樹、蕃山の心学(陽明学)を学び切磋琢磨した。

岡山藩の藩校の前身といわれるこの花畠教場には「花園会約」と言われる学則があったが、それは全体で九ヶ条からなるもので、第一条では武士は人民の守護育成を任とするものであるから、文武の修練に努めなければならないとし、「致良知」に基づく慈愛を根本に据えて、文武の徳性を涵養するのが学問の目的であるとしている。毎朝儒学の経典を読み、食後には武芸に励むことになっている。さらに七条では朋友の交わりのあり方について細かく規定しており、同好の士の盟約であった。

これによっても日本最古の藩学の前身とされる「花畠教場」が熊沢蕃山の主宰する道学(心学、陽明学)を修めるための相互練磨の教場であったことがわかる。

池田光政はこうして花畠教場に「心学の花園」を創り、それによって理想の政治を実現しようと努めたのである。

名君池田光政の第一の功績は、天下に先がけて藩士の子弟のための藩学「岡山学校」にとどまらず、さらに庶民のための塾のセンターである「閑谷学校」を創出した「教育の業」であると言えよう。

二　森の教育者方谷――世事の僂さ身にしみて

(一)　有終館の学頭になるまで

百姓身分であった山田方谷が藩主の板倉勝職《かつつね》から二人扶持を支給され、有終館での修学を許されたのは文政八年(一八二五)のことであった。やがて有終館だけでは物足りなくなり、文政十年、十二年と京都に遊学し寺島白鹿に学んだ。そして十二年十二月には苗字帯刀を許され有終館の会頭に任命された。ここで武士身分となり藩校で教える立場になったのである。

天保二年(一八三一)には三度目の京都遊学に出て寺島白鹿の門に入ったが、さらにそのまま江戸に遊学し佐藤一斎の塾に入り陽明学を修学した。天保七年十二月帰国した方谷は有終館の学頭に任命された。さらにその二年後の天保九年には家塾牛麓舎を開き進鴻渓、大石隼雄、林富太郎、三浦仏厳、寺島義一らがまず入門し、五年後には三島中洲、矢吹久次郎も加わった。

こうして方谷は教師となり藩の重役となった。

(二)　方谷の挫折と非哀――世事の僂さ身にしみて

藩主板倉勝静《かつきよ》は文久元年、再び寺社奉行となったので方谷も江戸に呼ばれて顧問となった。ところがそれ以来、たびたびの献策はまったく採用されることはなかったという。政治情勢は悪化の一途をたどった。そんな慶応三年六月、勝静は備中松山から方谷を京に呼び意見を求めたため、方谷は全力を傾けて諮問に答えて献策したが、時すでに静かに論議する状況ではなく、幕府と朝廷との交渉も暴力を背景にした強迫であり、クーデターであった。そこで幕府の命運に早くから見切りをつけていた方谷は、勝静に老中を早く辞することを勧めたが、松平定信の孫としてのプライドを持って自ずから望んで老中となった勝静にとっては名家出身の意地があったからどうしても聞いてもらえなかった。二人の思いはついに離反した。慶応三年八月、気の毒に思った勝静は愛用の短刀を方谷に与えて帰国を許した。悲しい二人の決別であった。

方谷は「時局の展開はどうにもならない、天を仰いで大笑して骨を埋める郷里に帰るしかない」とつぶやいたのである。生涯の内でこの時ほど強い挫折感にうちのめされ、悲哀を感じ、世事の儚さを身にしみたことはなかった。

この悲しみの涯に、余生は次代を担う若者を育てる業に献げようと決心したのである。帰る先は安政六年から住んでいる長瀬であった。

(三) 長瀬塾

方谷は安政六年、藩士の土着政策の実施にあたって自ら西方村長瀬に土着してその範を示した。明治元年頃に塾を開いたが塾生が増えたので二年には増築し学舎も六棟となり、東舎、西舎、中舎と名付けた。塾生は二百名に達したという。

方谷は朝は四時に起き夜は十時まで講学の課程を熱心に監督し、多忙をきわめた。そこで塾生のリーダー達が方谷の労を省くことを考えて、方谷に「年少の者は自分たちが代わって教えます」と申し出たところ、方谷はこの申し出に感謝しながらも「この塾に集まった生徒は自分に学ぼうとして来ているのであるから、一日一度は是非とも彼らと顔を合わせる必要がある」と述べたという。ここからも方谷が塾生との人格的接触をいかに大切に考えていたかを知ることが出来よう。

(四) 小坂部塾

明治三年十月、方谷は亡母の後祀が絶えたので再興するため、長瀬の北六里ほどの小阪部に居を移し塾を創った。長瀬塾生のほとんどが小阪部塾に移り、新しく入門する者も多く、塾生は三百人を超えたという。

塾では①『論語』と『詩経』の講義、②『春秋左氏伝』の輪読、③『日本外史』『史記』『資治通鑑』『韓非子』『荘子』などの自習、④その他『経史』や『伝習録』の類は時に応じて講義することになっていた。

そしてこの頃でも陽明学を教えることにはとても慎重であった。

長瀬塾や小阪部塾における教育方針をみると、方谷は塾生に対し、単に学問だけでなく、日常生活を規律正しく過すことを自ら範を示して指導することが大切だと考えていたものと推察される。

(五) 閑谷学校

明治五年、元備前岡山藩士の中川横太郎、岡本巍たちから岡山に学校を創り方谷を師に迎えたいと要請されたが、方谷はその申し入れを断った。しかしもし閑谷学校を再興するのであれば協力したいと述べた。中川達は狂喜して再興に努め旧藩主の池田家からも援助してもらい六年春には開学にこぎつけた。方谷は約束通り明治六年から九年まで春秋それぞれ一か月余り閑谷学校で講義した。

注目すべきことはここで初めて陽明学を基本として講義したことである。

学生は最初は二、三十人であったが翌年には百人を超えたという。

ここでは備前岡山藩の英才達が多数入門した。

さらに重要なことには岡本巍らの努力によって、ここでなされたいくつかの講義録が出版されたのである。

（六）方谷が講義したその他の学館

方谷はこの頃閑谷学校以外にもいくつかの学校で講義している。主なものは次のようなものである。

① 明治四年八月、久世町（現真庭市）台金屋に開かれた「明親館」の開校式に当たり、儒教の基本書の一つ『大学』を講義した。

② 閑谷学校が再興された明治六年五月には棚原町（現美咲町）大戸に「知本館」が開かれた。方谷は閑谷学校での講義の帰りに『大学』を講義している。塾生は百名を超えたという。

③ 明治七年十一月、棚原町（現美咲町）行信に「温知館」が開学した。ここでは『論語』を講義している。

このように方谷は各地の学校で子弟の教育に情熱を注ぎ、人材を養成した。方谷はまことに森の教育者であった。方谷が病歿した時、方谷を追慕しその志を継承する意味で弟子たちが、上市に「継志館」という塾を建て、方谷門下の進鴻渓などを教授として招いた。これ程に方谷は類稀な教育者として人々から崇拝されていたのである。

注

（1）板倉勝重は、江戸中期（一七四四）から幕末まで備中松山を領した板倉家の始祖である。勝重は徳川家康の功臣で駿府町奉行、江戸町奉行を務め、名奉行の名をほしいままにし、初の京都所司代を務めた。在任中に鴨川の四条河原東側の七つの芝居小屋で興行していた人達に櫓（公認の劇場）を許した人である。今日京都南座だけが残っている。

（2）谷口澄夫『池田光政』吉川弘文堂、昭和六年　四二頁

（3）同　四二－四三頁

第一章

板倉勝静と山田方谷

山田方谷の生涯を通して最も大切な人といえばやはり藩主の板倉勝静であった。まずここで二人の関係をさぐっておこう。

板倉勝静は文政六年陸奥白河城で松平定永の八男として生まれた。幼少の頃から志が高く政治家になることを夢に持っていた。天保十三年（一八四二）二十才の時、備中松山藩主板倉勝職《つね》の養子となった。その際、「松山藩は小藩ながら徳川幕府の古くからの功臣で、先祖には京都所司代になった人のいる家だから自分の志をのばすことが出来るだろう」と述べたという。

勝静は弘化元年（一八四四）備中松山に初めて入封したが、方谷は当時有終館の学頭を務めていたこともあり、世子の勝静の講師となった。さらに弘化三年には「近習役」を兼ねることになったので、二人には親密な関係が出来上っていった。

嘉永二年（一八四九）四月勝静が藩主となったが、十二月には方谷を「元締役兼吟味役」に任じ藩政改革を命じられ、改革に取りかかる。すぐれたアイディアを駆使して改革は成功し、わずか七年で借金十万両を返済して十万両の蓄財が出来た。こうした財政改革の成功が役立って勝静は安政四年（一八五七）幕府の「寺社奉行」に任ぜられた。

翌五年には井伊直弼が大老となり攘夷派に対する弾圧策を取った際に、これに反対の意見を述べたため寺社奉行を免ぜられたが、直弼が暗殺されると再び寺社奉行に任ぜられた。さらに文久二年（一八六二）には老中となったため、方谷も江戸で勝静の顧問の役についた。

ところが幕末の動乱の際には勝静が老中首座であったため、朝敵とされ備中松山城へ征討軍を向けられたが、方谷は恭順に藩論をまとめ無血開城を実現した。また箱館にあった勝静をいつわって外国船で救い出し、東京につれ返って自首させた。さらに継子を立てて藩を復興させた。

方谷は明治十年六月、七十三才で死去したが、その時死出の旅路に用意されたものは敬愛する主君から授かった「短刀」と自らの魂の根元である『陽明学全集』であった。

方谷をよりよく知るために「方谷と勝静」の関係をさらに詳しく見てみよう。

一　勝静と方谷の絆

（一）講師山田方谷と世子板倉勝静

先にふれたように備中松山藩主板倉勝職には跡継ぎがなかったから、天保十三年（一八四二）六月、伊勢桑名藩主松平定永の八男寧八郎を婿養子に迎えた。養子は板倉勝静と名を改めた。

世子板倉勝静は弘化元年（一八四四）入封し、有終館の学頭山田方谷は講義を命ぜられた。二十二才の勝静は方谷が感動する程熱心に勉学に励んだ。勝静はたびたび方谷を呼んで議論し、二人の間には単なる師弟関係を超えた深い信頼関係が出来上った。

ある時『資治通鑑綱目』の講義を行った後で、勝静は「徳宗論」という一編の文を作った。そのことを知った方谷はこれを読んだあとで、勝静に「この文を私に下さい」と願い出た。勝静にその理由を聞かれて方谷は「文章を書くのに大切なことは誠実を貫くことである。もし勝静公がこの文書に反する政治をしたときは誠実に欠けるときであり、私はこのことを公に直言したい」[1]と述べた。勝静は快く承諾して一文を方谷に与えた。これに方谷はいたく感動したという。

方谷は「観水の説」という文を書いているが、それによると「そもそも易においては、水は危険とされており、大川を渡る時には深みにはまりやすい。しかしながら注意し用心すれば、この危険も避けることができます。勝静公も国入りしてから日も浅く、すべてこれからという大切な時期で、うっかりすると水の深みにはまってしまう危険があります。そこで今、怠けることなく精進して道理に従って行動していただきたい」[2]と激励している。

また方谷は臣下のあり方について次のように述べている。「臣下たる者はいかなる場においても自分の姿勢を正しく、誠意をもって何事にも対処することが重要であり、主君といえども諫言すべき事柄があれば諫言すべきであると説き主君たる勝静に対しても、藩政を運営するに当っては、独断に陥らず、臣下の意見を踏まえ、誠意を貫くことが何よりも重要である」[3]ことを説いている。

（二）信頼関係の深化

このようにして二人の信頼関係は深まっていった。もともと誠実な人物である勝静と同じく誠実を信条とする方谷との間に信頼感が芽生え始め、方谷はこの若い勝静に大きな期待を寄せるようになった。

両者は政治哲学を共有する同志的な結びつきの下で真のパートナーとしてお互いを信頼しながら、備中松山藩の藩政改革を推進していった。

嘉永三年（一八五〇）、藩主板倉勝静と方谷の藩政改革がスタートしたが、勝静は藩の重役会議の席で「方谷の意見は私の意志である。方谷に対する悪口は一切許さない」[4]と言明している。これによっても勝静がいかに方谷を深く信頼していたかがわかる。

この信頼こそ実は備中松山藩の藩政改革が見事に成功した最大の原因であると筆者には想われてならない。

二　老中板倉勝静と顧問としての方谷

(一)　攘夷・開国問題に関する方谷の考えと助言

勝静は文久元年（一八六一）二月に奏者番兼寺社奉行に復職し、その翌年三月には外交担当の老中に抜擢された。方谷は文久二年（一八六二）四月江戸に赴き、勝静の政治顧問となった。当時の政治問題は攘夷か開国かであった。

文久二年十月に方谷は「攘夷か開国かの議論があるが、開国は朝廷の御意志に沿わず、鎖国は時勢に反する。この両極に意見が分かれて難しい局面に立っているが、幕府がいずれかに方針を決定し、誠意をもって決定したことを貫けば、朝廷の御意志も時勢も幕府に従って変わってゆくと確信する」[5]と述べている。

このことから方谷は両者のいずれが正か邪かを断定することをさけ、幕府が決定権を持っているのであるから、いずれかに決定し、それを誠実に実行さえすれば、朝廷もこれを認めるようになり、時勢もこれに追随すると見ている。

三島中洲も「方谷先生は条理一貫を貴ぶ人であり、君主の誠心次弟に応じて、その誠心を首尾一貫させるように尽力する主義であった」[6]と解説している。

（二）開国した場合のあり方

同じ頃、方谷はもし開国した場合のあり方について述べている。すなわち「今日隆盛を誇る西洋諸国は武力で雄国《ぞっこく》を得て、その上で貿易の利を上げている。鎖国を変えて開国するに当っては守りから攻めに転ずる必要がある。我が国から積極的に外に出て行き伸びる（拡張する）べきで、列国を我が国に入れて内に屈するべきでない。開国し貿易を行うことは天下の公道であり、それは我が国を利するためで、外国を利するためでない。その利益は国民に施すために使うべきで、幕府や大名が貪るものであってはならない。また、機械製造技術は外国の長所を取り入れるべきであるが、風俗教化は我が国の長所を捨てて外国に倣うべきでない」[7]ときわめて筋の通った見識を示している。

（三）安政の大獄についての方谷の助言

安政五年井伊大老による安政の大獄が起こった。寺社奉行の勝静はこの事件を終息させることを考え、方谷に「ただ今天下の当面なすべき仕事は何か」[8]と諮問した。これに対し方谷は「厳罰に処すと禍いのもとになる」[9]と答えた。これを受けて勝静は首脳会議で「今回のことは将軍継嗣問題と通商条約問題に基づいているが、いずれも井伊大老の意見どうり決着を見た。今は国内一致して外患に当るべき時、強引な弾圧策は幕府から人心が離れ、かえって禍いのもとになりかねない。見せしめのため、一、二の大物を罰するにとどめ、他の者は寛大な配慮で軽い罰にすべき」[10]と発言したところ大老は激怒し、直ちに勝静を罷免した。

勝静はそのあと方谷に「お前の言う通りだが、時勢がまだよくない」[11]と書いた手紙を与えた。それに対して方谷は「出処進退は義によるべきであって、殿はそのとおりされたのですから、御意見が採用されるか否かはこだわることではありません、殿の忠誠は十分に立ち、天下の武士の手本となり、備中松山藩の士気もこれから一層振うでせう」[12]と励ましている。

その後の経過を見れば、方谷の予見は完全に的中し、ほどなく勝静は寺社奉行に返り咲き、やがて老中に抜擢されたことは周知の通りである。

(四) 第二次長州征討に対する方谷の助言

慶応元年(一八六五)四月に幕府は再度の長州征討を布告した。方谷は「第一次長州征討により三人の家老が切腹し四人の参謀の首がはねられた以上、開国の勅命を遵奉するよう命じるべきである。」[13]と勝静に上申した。

さらに慶応二年(一八六六)七月、将軍徳川家茂が亡くなった時、勝静の諮問に対し長州対策として三案を示した。

「大挽回策」は一橋慶喜を将軍にして、勅許を得た通商条約に従って政治を進める。長州藩の攘夷行為は勅を奉じての行為であり、とがめるより表彰すべきである。そして長州藩に更新の道を与え、幕府は大公至正の政治を行い天下の耳目を一新するというものであった。[14]

「小挽回の策」は一橋慶喜が将軍を固辞した時は、徳川慶勝(尾張藩主)を将軍にする。慶勝自身が広島に赴き、二年前の征長総督であった慶勝の寛大さをもって長州藩と休戦にもちこむ。[15]

「一時姑息の策」は幕府が長州藩に対しいたずらに寛大な措置をとるか、あるいは諸大藩の調整に任せるというもので、天下の侮りを来たし再乱を招き挽回は出来ないというものであった。[16]

(五) 時局の切迫と二人の見解の分裂

慶応三年(一八六七)六月時局の切迫を憂慮した勝静は国許から方谷を呼び寄せ、方谷は京都・大阪において、しばしば勝静の諮問に答えている。方谷は誠と筋道を大切にする方策を勝静に進言していたが、勝静は将軍や幕府の閣僚を説得することは出来なかった。時局は好転しないまま八月に方谷は許されて帰国した。勝静は愛用の短刀を与えて方谷の労をねぎらっている。

帰国の途上で方谷は「東洋も西洋もひっくるめた世界の立場から我が国の世相を見てきた。文武を憲章したが、時局はどうにもならない。天を仰いで大笑いして備中松山藩に帰ろう。骨を埋める青山がそこにはある」[17]と詩を詠んでいる。

ここで方谷は決定的な挫折感と深刻な悲哀を味わった――「世事の儚さ身にしみて」。

時局は混迷しますます深刻化していく時機になぜ、勝静は方谷を手元から離して帰国を許したのであろうか。

幕府の運命を予見していた方谷が勝静に老中を辞すべきであると進言したが、幕府と運命を共にしようと覚悟を決めていた勝静は方谷の進言を受け入れることが出来なかったため二人のとるべき方途が齟齬を来したからである。方谷にとって藩の改革においては自らの献策がことごとく採用されたのに対し、国政についての自分の策はまったく採用されず、無力感をかこっていた。それに対して普代大名の勝静は宗家と運命を共にする覚悟を決めていたから、勝静の行く道と方谷のとる道は分かれざるを得なかったのである。

三　方谷の幕府観と戊辰戦争の見方および二人の忠誠心

(一)　方谷の幕府観

勝静と方谷の幕府観には大きな違いがあった。

①　方谷の幕府崩壊の予言

安政二年（一八五五）備中松山藩は津山藩士槙原六郎左衛門を招いて、玉島の海上で水軍の艦上砲撃の演習を行った。その後酒宴の席で方谷は次のような発言をした。

「徳川幕府の命脈はおそらく永くはないでせう。歴然とした前兆が現われている。幕府を衣に例えるならば、家康公が材料を調え、秀忠公が織り上げ、家光公が初めて着用した。以後、歴代将軍が着用してきた。吉宗公が一度洗濯をし、楽翁公（松平定信）が二度目の洗濯をした。しかしもう汚れとほころびがひどく、新調しないと用にたえない状態になっている」[18]。

三度目の洗濯をしたらいかがかという質問に、「生地が既にぼろになっており、もはや縫っても針線（縫い目）がもたないよ」[19]と方谷は答えた。このように方谷は幕府崩壊の十数年前に事態を洞察していたのである。

② 江戸城を見た時の方谷の感想

文久二年（一八六二）藩主板倉勝静は、寺社奉行に再任され、方谷もまた江戸に赴き顧問となった。その頃、方谷は藩主勝静の勧めに従って江戸城を拝観しており、勝静から江戸城を見た時の感想を問はれた方谷は「大きな船でございます」[20]と答えたが、勝静から重ねてその理由を問われると、「下は千尋の浪でございます」[21]と答え勝静の不興を買ったという。

すなわち、方谷は幕府権力の象徴である江戸城を大きな船に例えて、激浪に洗われている徳川幕府は恐らく永くないだろうと暗示したのである。

(二) 戊辰戦争についての方谷の見方

慶応三年十月には大政奉還が行われ、十二月九日には王政復古の大号令が下され、徳川慶喜が辞官納地を行ったと聞き会津・桑名藩士や旗本らが激昂して情勢が切迫したので勝静は方谷の意見を求めた。

すると方谷は「上は尊王のため、下は安民のためという大乗的見地に立って事態を処理すべきで、万一兵端を旧幕府軍側から開いたならば蛤御門の変で長州藩が皇居へ発砲したため朝敵となり、追討を受けた事例と必ず同様の事態を招くであろう」[22]と述べている。

勝静は方谷の意見に従い、会津と桑名藩を説得し一旦は成功したが、情勢が一変し、鳥羽伏見の戦いが起こってしまったという。

(三)　勝静の忠誠心と方谷の忠誠心の分裂

方谷は生涯、忠誠を貫く人生をたどった。そしてその忠誠心は三種の層をなしていた。最上に天皇に対する忠誠心があり、次いで幕府への忠誠があり、三番目が藩主に対するものであった。

ところが藩主勝静が幕閣の老中首座にあって幕府の方針の決定に参与しており、しかも幕末においては朝廷と幕府が政治の主導権を争い、攘夷か開国かで国論が鋭く対立しているような状況では、三層の忠誠心が鋭く葛藤することになった。

方谷は本質的には開国通商を是としたが、朝廷が攘夷を願望し、幕府が通商を実施する場合には矛盾することになる。そこで井伊大老が通商条約を結んだ際には、これを肯定したが、反対者に対する処罰は出来るだけ寛大にするようにと主張したため、井伊大老の逆鱗にふれ勝静は罷免されたわけである。

次に勝静は本来天皇に対する尊崇の意識の強い人であった。しかし他方で幕府の老中首座を占め始終慶喜の側にいたので、天皇に対する尊崇の意識と徳川宗家への忠誠心とに身をひきさかれた。さらに戊辰戦争以降の段階になると勝静は朝敵となってもなお宗家（慶喜が恭順の意を示しても）に殉じ山野に朽ち果てんと覚悟して箱館まで従軍した。

他方、方谷にとってはこの戊辰戦には戦うべき如何なる義もないから、専ら領民を兵火から守るべきだと考へ、恭順の意を示し、無血開城に成功した。

こうして幕府に殉じた勝静と、朝廷の意志に従って藩と領民を守った方谷の道は、最終的に分裂せざるを得なかったのである。二人にとって避け難い最終的な悲劇であった。

四　備中松山征討と藩の再興

(一)　備中松山征討への対応

慶応四年（一八六八）一月四日、鳥羽伏見の戦いで幕府軍は敗北した。幕府の老中であった板倉勝静を藩主にいただく備中松山藩はいわゆる「朝敵」となった。その中で勝静は将軍慶喜と共に江戸に着くや老中と藩主を辞し日光へ向った。

朝廷から松山征討の命が備前岡山藩や中国地方の諸藩に下されると筆頭家老の伊木若狭を総督とする征討軍が組織された。同年一月十四日、征討軍は備中松山の十二キロメートル南まで迫った。そこで松山藩から家老の大石隼雄ら三人が使者となり美袋《みなぎ》の本陣で交渉が始まった。その前に松山藩では重臣たちが抗戦か恭順かをめぐり激しい議論がなされた。方谷は「仁も義も利も欠いた戦に意味はない。藩民の命を救うのが我が天命」[23]との決断を下した。

そこで大石らは征討軍に城明け渡しと恭順を申し出た。これに対して征討軍は謝罪書の提出を要求した。用意されていた謝罪書を持ち返って方谷に見せると、方谷はこれを一読して、「ここには『大逆無道』とあるが、この言葉は子が親を殺し、家臣が主君を殺すことを意味している。ところがわが藩侯の尊皇の志は誰よりも厚く、一度たりとも朝廷に刃を向けたことはない。この四文字は自らの命に代えても受け入れられぬ」[24]と方谷は決死の覚悟を表明した。これを聞いた伊木総督は至誠を貫く方谷の立場を重んじて、「軽挙暴動」に代えて謝罪文を受理してこれをおさめた。

こうして明治元年一月十七日松山城は無血開城し、征討軍が入城して、一年八か月間にわたって占領した。

(二)　備中松山藩の再興——継子を立て願い出る

明治新政府は朝敵となった諸藩を処分した。会津藩は最も厳しく全領地が没収され、長岡藩は七万四千石が二万四千石に削封された。ところが松山藩は肝腎の板倉勝静も子の勝全《かつなる》も行方がわからなくなったので、継子を立てて再興を願い出る必要があった。相談の結果、松山旧藩としては五代勝晙の弟勝喬の四男栄次郎を迎立して復封を願うほかないと衆論をまとめ、方谷の賛成を得て川田剛がその任にあたることとなった。まず川田剛が呉服商人に、若い栄次郎が丁稚に変装して潜行し、海路大坂、玉島を経て長瀬にある方谷の寓居に入り、次いで城下の頼久寺に旧藩士を集めて披露し、名を勝弼《かつすけ》と改めた。

栄次郎の板倉家相続の決定をするに際し、旧藩首脳は勝静の子勝全が帰藩した時には家督を譲るべきことを藩祖勝重を祀る八重籬神社の神前で誓約させ、栄次郎に血判を押させている。なお後に勝全は別に分資をえて一家を立てた。

(三)　旧藩主勝静の救出

板倉勝静は日光宇都宮から会津入りしたが、列藩同盟の参謀となり、榎本武揚とともに箱館に到った。方谷は説得して連れ戻そうとしたが、勝静は頑として聞き入れない。もと老中首座としての誇りと意地のため、最果ての蝦夷を死場所と定めていたのである。勝静からの方谷への手紙はあたかも遺書のようなものであった。

そこから方谷は誰にも考えつかないような奇策を打って救出した。まず勝静と旧知の仲である横浜在留プロシア商船の船長ウェーフを使い、勝静をだまして商船に乗せ東京へ連れ帰ったのである。勝静はひどく立腹したが、家臣たちは勝静に藩再興のため新政府への謝罪自訴（自首）を必死に訴えた。ついに時代が変わったことを悟った勝静は家臣の説得に折れ、自訴を決意した。もとの藩主を欺き、尊厳を傷つけてまで藩再興を遂げなければならなかった方谷の胸には鋭い痛みがあった。

こうして明治二年九月、備中松山藩は五万石から二万石に削られ、血筋のつながる板倉勝弼を藩主として復興することが出来た。

明治五年正月に特旨をもって勝静の禁錮が解かれると勝静は直ちに方谷に書簡を寄せ、事件以来の一方ならぬ労苦を感謝するとともに従来の働きは終生忘れることは出来ないと寒暖計一個と肴料を添えて贈った。

五　二人の再会と方谷の死

(一)　勝静と方谷の再会

勝静は明治五年に許され自由の身となった。明治八年四月、板倉家の墓参のために前藩主板倉勝静が高梁を訪れた。勝静から会いたいとの手紙を受け取り方谷は八年ぶりに勝静と会った。

勝静は旧藩士との宴会のあと長瀬の方谷の屋敷を訪ね、三泊した。どんな話をしたかわからないが、弘化元年(一八四四)の初講義以来、藩政改革、幕政参画、明治維新という激動の三十年間の師恩や苦労、思い出などを語り明かしたに違いないであろう。方谷はその時の感想を次のように詠んでいる。

「(大意)前藩主勝静の広く深い御恩に少しも報いることができないまま、こうして生きている自分を恥ずかしく思っています。疾風が吹き荒れ雲が変化し続ける時代が過ぎ、老いたこの身を谷溝に埋める覚悟はしています。にもかかわらず、前藩主に我が家まで訪ねていただき、九分どうり死んでいる私の魂が再びよみがえった気がします」。[25]

時勢は方谷が予見した通りに展開し、徳川幕府が崩解して新しい明治新政府が成立した。そこで無意味な戦いを避け、しかも筋を通した形での無血開城を達成したことは方谷の決断の正しさを証明しているように思える。

しかし同時代に生きた人間として、方谷も述べているように、天皇を毒殺してまで権力を奪うというひどいやり方をしたことを知っている者にとって、そこに正義が貫かれているとは信じ難いのではないか。たまたま敗者の側に勝静が居たことが不運であっただけだとの見方も出来よう。

であるとすれば、敗者といえども武人としての意地を貫くこともまた一つの生き方ではなかったのか。

その決死の人の意志を無視して、強引になされた勝静の箱館救出作戦ははたして正しかったのであろうか。単なる生きる屍を生み出しただけではないのか。

それにしても川田剛などの忠誠心をみると、時代が変わっても、元の価値体系のままで生きる人も数多くいるのだと思う。

(二) 方谷はどんな死に方をしたか

方谷は明治十年六月二十六日午前八時、最後の塾のあった小阪部の地で永眠した。

臨終に当たり、家族に枕元を掃き清めさせ、香をたかせた上で、板倉勝静から授かった「短刀と小銃」、そして『王陽明全集』が置かれていた。

主君への敬愛の念は最後まで消えることはなかった。方谷と言えども時代が変わっても、元の価値体系の中に生きていたのである。

むすび

勝静と方谷の関係の特質を通観してみよう。まず第一は二人が生涯を通して相互に尊敬し合う美しい関係を保持したことである。

ただし戊辰戦争後、勝静は幕府の老中と藩主を辞し、奥羽越列藩同盟の参謀として箱館に到り宗家に殉じて北海道の山野にくち果てる覚悟であった。これは松山藩やその領民のことへの責任は放棄していた。

これに反して方谷は松山に在って征討軍に対して恭順の意を表明し無血開城を実現した。二つの道は明らかに離反していた。ところが方谷は勝静の思いを超えて一方的に、迷路に入り込んでいた勝静を外国商船を使って救出したのであった。

方谷の立場から言えば勝静への敬愛の情は一貫していた。死出の旅に用意されていたものは、勝静にいただいた短刀であったことでもこのことが知られる。

第二に方谷の悲哀についてみてみよう。方谷の生涯のうちで最も失意をかこったのは老中の顧問の時期であった。緊迫する政治情勢の中で勝静はたびたび方谷に諮問した。方谷はこれに応えて全力を傾倒して対策案を答えた。しかしそれはすべて採用されることはなかった。

国分胤之《たねゆき》によると方谷は次のように語ったという。方谷は「板倉勝静公は備中松山藩の事についてはことごとく自分（方谷）の意見を採用されたが、天下の事については数万言のうち一つも採用されなかった。大変残念なことであった」(26)と述べたという。これに対して国分は勝静が採用しなかったのではなく、幕臣の同意を得られなかったためであると考えているとコメントしている。

この時期の方谷は強いフラストレーションを感じている。これに対して勝静は「君の意見は正しいが、まだ時勢がそれを許さないのだ」と答えていた。

第三に方谷の誠意を貫いた進言が採用されなかったのはなぜかを考えてみたい。まず国分胤之が言うようにそれは勝静が採用しなかったのではなく、勝静が自らの意見として主張してもそれが閣僚の会議で採用されなかったということである。

そこで方谷の正論に基づいて発言する勝静の提案が閣僚の会議ではなぜ採用されなかったのであろうか。それは一方に最高の価値と権威を持つと考えられる朝廷とそれを支持する薩長という有力藩があり、他方に政治権力を行使する幕府があって、幕閣はその執行機関として審議するが、危機が迫り、幕府が音をたてて崩れる時期になると、案や意見の正当性や合理性はほとんど問題にならず、時の勢いにほんろうされて、力の強さや暴力によってすべて決着がついていく時期に勝静が老中を務めていたのであり、方谷はその顧問であったのだ。その時期においては方谷の至誠を貫く正論も平気でおしつぶされたのであると言えよう。

第四に戊辰戦争後はかつて老中首座にあった勝静は、徳川宗家に殉じ最果ての地の山野に朽ち果てる覚悟をしていたため、老中と藩主を辞し、奥羽越列藩同盟に組し参謀となって箱館に到った。これに対して方谷は国に在って、「この戦に義はない。領民を守るのが必要」としたから、征討軍に対して恭順の意を示した。そこで二人の道は完全に相反したものになった。

このように二人が別の道をたどることになった理由は言うまでもなく、勝静が普代大名であり、その誇りを持ち、老中首座として幕府を運営した人間の運命に従って宗家に殉じようと思い定めたからである。

それに対して方谷は国元にいる松山藩士であり、藩と領民の安泰を守ることがその使命であると考えたのである。それは極めて自然な道であった。

要するに二人はそれぞれ置かれた立場の違いがあり、そこから違う道をたどったのである。

そのギャップを一挙に埋め、死ぬ筈の人を生き返らせたのは、方谷による奇想天外の外国商船による、勝静をだましてまで強引に箱館から救出することに成功したことである。

方谷の旧藩主を義も理もない派閥争いの犠牲にしてはならぬ、是が非でも救いたいという情念が実ったものであった。

注

(1) 山田方谷顕彰会『人門山田方谷』平成十七年　三四頁
(2) 同　三五頁
(3) 同　三五頁
(4) 同　三五頁
(5) 同　六七頁
(6) 同　六七頁
(7) 同　六七頁
(8) 同　六一頁
(9) 同　六一頁
(10) 同　六〇頁
(11) 同　六〇頁
(12) 同　六〇頁
(13) 同　六八頁
(14) 同　六八頁
(15) 同　六八頁

（16）六九頁
（17）六二頁
（18）六二頁
（19）六二頁
（20）六二頁
（21）六二頁
（22）六九頁
（23）七一頁
（24）七一頁
（25）七九頁
（26）九六頁

第二章

山田方谷の陽明学

山田方谷は五才の頃から新見の丸川松隠について儒学を学んだが、それは主に朱子学であった。ところが方谷は天保四年（一八三三）三度目の京都遊学の際、王陽明の『伝習録』を入手して熟読する機会に恵まれたが、これによって、これまで胸中にわだかまっていた疑念がすっかり晴れて、真理を会得したような気分になったという。『伝習録』を熟読した方谷はそこで「伝習録抜粋序」を作ったが残念ながらその本体は失われ、現在ではその「序」だけが残っている。

方谷はそのあと春日潜庵と交際して陽明学について研究を深めている。さらにその頃、大塩平八郎の『洗心洞箚記』が出版されたのでこれを購入して読み深い感銘を覚えたようで、備中松山の有終館の奥田楽山にも送り、友人への輪読を勧めている。さらにそのあと江戸に遊学し、翌年一月、佐藤一斎の塾に入り陽明学も学んだ。

ここでは方谷の陽明学について検討してみよう。朱子学では「理」を重視するのに対して、陽明学では「気」を圧倒的に重視する。方谷もまた「気」を極めて重視した。そこでまず「序」として中国における「気の世界観」についてみてみよう。

序　中国における気の世界観の展開

(一)　上天信仰から気の世界観へ

中国において古代思想としてまず現れたのは上天・上帝と呼ばれる神格であるが、そこにおける上天・上帝信仰では思考の方向が垂直の昇降、すなわち上帝への信仰が正しくなされると福を、間違っていれば禍いがもたらされるといった都合に、上下の往来も直接的になされるから、単純明快ではあるが、それだけ複雑微妙な世界観へは容易に発展しにくい性格のものである。このような難点を克服するため、より複雑で高度な世界観の解釈を可能にする概念として「気」が登場してきた。

「気」のもとの意味は蒸気のことであると考えられる。水は温度差に応じて、氷(固体)→水(液体)→水蒸気(気体)へと変化する。そのため「気」の概念は一定の形状に固定されないで変化する性格をもっている。すなわち「気」は個体、液体、気体と自在にその姿を変える物質である。

また水蒸気は水面や池面から立ち昇って雲になり、それが雨や雪に変わって地表に降り、時に河川を流れ、また湖沼の水ともなる。さらに地下や土中の水分になったりと、姿を自由に変えながら天と地の間を往来循環する。このように「気」の概念の第一の特徴は、循環の性格を持っていることである。

宇宙を気の循環と考える世界観は古代中国の周王室の史官たちの活動、とりわけ天文や気象の観測資料の蓄積から生み出されたと考えられる。

初めはせいぜい陰陽や水土としか結びつけられていなかった「気」はしだいに対象範囲を拡げ、戦国時代後期になると五徳終始説のように、木・火・土・金・水の五行とも結合した。

その結果、天地・万物は人間も含めてすべて「気」で構成されているとの世界観が形成される。ここから天地万物も「気」で構成されている以上、基本的には天地万物も同質性をもつものとの考えが生まれてくる。そして天地万物が示すさまざまな違いも、陰陽の「気」や五行の「気」の混じり具合の違いに由来するのであり、さらに生や死といった両極間の変化でさえ、要は「気」の離合集散の過程で生まれる一時的現象に過ぎないといった考えが生まれる。こうして古代中国の人々は、世界の森羅万象を天地の理法や気の循環、「気」の離合集散といった理論で、より自然哲学的に解釈するようになったのである。[1]

「気」にはまた人間の精神活動と密接に結びつく側面もある。人間は呼吸によって「気」を取り込み、その「気」を外界に吐くが、その時言葉が出る。したがって音声言語も、また「気」の一種と理解される。言葉には意味があるがそれは人間の精神の働きに外ならない。そのため人間の精神自体も「気」の一種と考えられるようになる。

このように呼吸により人間と外界が「気」で通じており、しかも人間の精神や言語までが「気」の一種だとすれば、その同質性の故に、人間は自分の意志や感情を言語に託して、「気」の循環ルートに乗せることが可能となる。そこで他人を呪詛すれば、その言語は憎悪となって相手に届き、「気」の調子を乱して相手を苦しめたり、あるいは天上の神々に達して、相手に天神の罰を与えることも出来る。このように「気」の概念を用いれば、呪術の有効性をこれまでよりうまく説明できるようになる。

同時にこれは古代中国において執り行われた楽器を用いた呪術の説明にも有効である。

ところで、このような「気」の思想の発展により、上天・上帝の意志を中心とする垂直的世界観は一掃されたのかというと、そうではなく「気」の世界観は多くの場合、先行する垂直的世界観の枠組みにはめ込まれるようになる。上天・上帝は天地の理法である天道を用い、天道の移り行きや「気」の循環を左右することにより、地上の人類に間接的にその意志を伝えるといった形をとるようになった。

董仲舒《とうちゅうじょ》は上帝信仰と「気」の両者を折衷する形で陰陽災異思想を説いたが、「気」の世界観はしだいに上帝信仰を除いて「気」だけで世界の構造を説明するようになっていく。そこで時代が下ると、少なくとも表面的な理屈としては、もっぱら「気」の循環と変化を中心に世界を説明する働きが盛んになったのである。(2)

(二) 孔・孟の「気」による世界観の展開

次に孔子・孟子の気の世界観について山田方谷の『孟子養気章講義』に拠ってみておこう。

① 孔子と養気

方谷によると、古典の学習や音学の享受はこの世の根元的な力である「気」を本来的な働きが出来るように高めるための手段であり、日常の振る舞いも「気を養う」ことの実践といえる。そのように考えると『論語』の中にも、気を養うことが述べられていないはずはないという。

学者の中には『論語』にある「知恵ある者は迷うことがないし、優しさを持つ者は憂うこともなければ、勇気ある者は恐れを知らない」(3)という言葉によって「気を養う」ことを説明しようとする人がいるが、この理解は浅薄であると方谷はみている。

『易経』は神を理解するための古代の思想であるが、この中に宇宙を司る神と根源的な力である「気」とが一つになるとの思考がみられる。『易経』は陰と陽の二元的な考えに立ち、その二元的な状態に従って、天地の神とその吉凶の様子を対照させ、上は「神に仕える」方法を説き、下は「気を養う」仕方を述べている。孔子が『易経』を今日まで伝えたのは、「神」と「気」が一つであることを理解していたからといえる。

これが孔子の「気」についての考えである。

②　孟子と養気

古代の人々は、この宇宙を司る存在である神を尊敬し、これに仕えることを第一義として実践した。中国では古代社会は、理想社会と考えられているが、古代においては人情は厚く、他人をおもんばかり、利己的ではなかった。為政者は聡明で正直であり、宇宙を司る神と本質的には同じ存在である。当時の庶民も親切で素朴で、神の言葉を拠り所にして生きていたので「神に仕える」ことのなかに「気を養う」ことも含まれていたから、「気を養う」ことは言葉としては孟子以前には現れなかったわけである。

しかし時代の経過とともに「神に仕える」ことがしだいに行われなくなり、政治家は統治の知恵によって世の中を操り、自分の思うとおりに政治を行うようになっており、庶民もひたすら功利的に自己の欲望を実現しようとする。孟子は再び昔の理想社会を実現することは不可能なことと考えていたが、せめて心ある人にだけ「気を養う」という言葉を使ってその方法を示したわけである。[4]

孟子は「気の世界観」については次のように考えていた。この世のあらゆるものは、「気」と呼ばれる根本的な物質から生み出される。それはエネルギーから成っており、あらゆるものは気を摂取することによって生存しているから、もし一日でも「気を養う」ことをしなければ生きていくことは出来ないと考えられている。[5]

③　漢唐から宋の時代へ

漢や唐の時代には古典の字句の解釈だけに集中したため「気を養う」という考え方が、正しく理解出来なくなってきた。しかし「気を養う」ことが正しくなされないと、あらゆる生物の成育に支障が生じ、世の中の乱れが生まれる要因となる。

気の世界観は上天・上帝信仰を背景に後退させ、もっぱら気の循環と変化を中心に世界を説明しようとする動きが盛んになる。宋学の思想がそれである。

宋の時代になって周敦頤（濂渓《れんけい》）や朱子らの唱える宋学が興り、世の中の根本原理である「理」と根元的な力である「気」を区別してとらえる学説が広まった。彼らの努力で「気を養う」という考えが、再び世の中に明らかになった。

ところが程顥《こう》（明道《めいどう》）・程頤《ていい》（伊川）も『孟子』の「養気章」を説くに際して「直養」の文字を「直」と「養」に二分したため、その要旨がわかりにくくなったと方谷は考えている。そこで「気を養う」ことを正しく学ぶためにはなお年月を経なければならなかった。

宋学の祖とされる北宋の周濂渓は『大極図説』を著して、形而上的宇宙論の分野を強化したが、弟子の程顥《ていこう》（明道）も「気」と「理」の概念を用いて世界を説明し、天地・万物を一体視して「万物一体の仁」を唱えた。明道の弟の程伊川は森羅万象の背後に形而上学的「理」が存在する点を強調した。そこで兄の明道に比べると「気」よりも「理」を重視しているといえよう。しかし基本的には世界を「気」の循環と捉える立場に立っている。(6)

張《ちょう》横渠《おうきょ》は気一元論とでも称すべき徹底した形で「気」の宇宙論を展開した。彼は宇宙の本体である「大虚」から「気」が生じ、その「気」が集合して万物を形成するが、万物はやがて消散して「大虚」に帰るとの宇宙論を展開した。大塩中斎そして山田方谷の大虚も、この張横渠の概念に従っている。(7)

④　朱子の説

北宋の思想家の学説を集大成したのが南宋の朱子である。彼は「気」と「理」の概念を中心に世界を説明し、居敬と窮理の修養によって、気質の性が宿す人欲を除去し、天理に達すべきことを主張した。

こうして宋学になると、上天や鬼神はほとんど居場所を失い、それに伴って上天・上帝の意志を中心とした垂直的世界観も影を潜めることになった。

しかし天道思想の背景には、依然として上天・上帝の意志がなお存在していた。天道は自然界の仕組みを整合的に説明する手段としてではなく、もっぱら人間の禍福・吉凶を予言する占星術の手段として用いられたからである。また「気」の思想も、絶えず人間の精神性・倫理性を「気」に浸潤させた結果、純粋に物質的概念とは理解されず、呪術や倫理をまとわりつかせ、あいまいな性格を脱することは出来なかった。「天道」も「気」も人間社会の説明原理に還元されてしまい、人間の問題とは切り離して、自然を自然としてのみ説明する概念とはなれなかったのである。中国に自然科学が育たなかったのは右のような事情によるのであろう。

以上のように、中国の古代思想から気の世界観が生まれ、それが宋学において整備がすすみ、朱子においては「理学」と呼ばれるように、「理」と「気」のうち「理」が重視された。しかし王陽明においては再び「気」が重視されるようになるのである。

一　陽明学の基本構造

（一）朱子学と陽明学の存在論

①　朱子学の存在論――理気二元論

朱子の存在論は「理気二元論」といわれる。朱子によれば「天地万物の生成と消滅とは、聚散という気のおのずからなる運動によるという。気が凝縮すれば物が生まれ、その凝縮が解体すれば物は消滅する」[8]のである。こうして万物は生成するが、しかし「万物は気だけで構成されているのではない。一気から万物への生成展開は、同時に大極が万物に具在する過程であって、かくて万物の個々に内在した大極は理と呼ばれる。したがって存在は理と気によって構成」[9]されている。

「気」の概念は、先に論じた古代中国の「気の世界観」、近くは張横渠の「気の哲学」に由来するものである。他方、

「理」は先秦時代から用いられていたが、程頤《ていい》（伊川）によって新しい命を吹き込まれたものである。朱子はこれら「気」と「理」を綜合することによって自らの存在論を構成したのである。

「理」は存在を支える秩序の原理であるから世界全体は「理」の統括者としての「大極」によって保証され、個々の存在も「理」によって統一されている。

ところで朱子は理を「気」に内在する原理として把握すると同時に、「気」に先行する実在と考えており、特に「理」を重視していた。そこで朱子学は「理学」と呼ばれている。

② 王陽明の存在論――理気一元論

朱子学の学徒として出発した王陽明は、朱子の存在論を継承したが、陽明学を確立する過程で若干の、しかし重要な変容がなされている。

朱子においては、「気」に先んじて「理」が存在し、世界を秩序づけるものは「理」であり、もっとも枢要な存在は「理」とされる。これに対して、陽明は「理」とは「気」の条理であり、「気」とは「理」の運用と述べ、両者の間の優劣を否定した。

これは理気相即の立場で、心即理の立場はこの理気相即の観念を行為の主体に一気に凝集させたものといえる。

山田方谷は朱子と王子の考え方のうち王陽明の考え方を支持している。朱子の学問は「理」と「気」を区別し「理」を主に置き、宇宙全体の法則である「理」が根源的な物質である「気」を統制するとし、「気」を「理」に従わせようとしているが、これは人が神を制しようとするのと同じ考え方であって、古代の神に仕える考え方とは違ったものとなっている。

方谷は王陽明の学問だけが「気」を主にしているとして朱子を批判し、王子を支持している。

（二）　陽明学の基本概念

次に陽明学の六つの基本概念を概説してみよう。

①　心即理

朱子によれば人の身体が形成されると、そこに天から「理」が与えられ心に宿る。それが人の性であるからその集団や社会には安定した道徳秩序が成立することになる。

ところでこの説に従うと、「理」は個人に宿ると同時に個人以外の事々物々にも内在することになっている。そこで物に格《いた》ることによって知を完成するためには、単に個人の内部の理だけでなく、個人以外の事物の「理」をも窮めなければならない。

王陽明は最初、朱子の格物説に従って物（外）の窮理に努めてきたが、ついに「聖人の道はすべてわが心性の中に備わっている」ことを悟り「心即理」を宣言した。こうして王陽明は、内面主義を徹底させて「人間以外」を廃して「人間の内」に統一したのである。すなわち「客観」を捨ててもっぱら「主観」に限定したのである。こうして主観的唯心論が成立する。

さらに王陽明の「心即理」で忘れてならないことは「心」と「理」は相即不離のものであり、切り離すことの出来ない性質のものということである。

②　知行合一

「知行合一」も「心即理」とともに王陽明が比較的早くから唱えていた説である。

朱子の場合には「先知後行」と言われるように、まず認識がなされ、それに基づいて次に行為がこれに続くものと考えている。ところが王陽明はまず認識がなされて、そのあとに行為が続くという考えを否定する。

王陽明は「知れば必ず行う、知って行わないのは知ったことにならない、行ってはじめて知ったことになる」と考えている。つまり「知っていてもそのとおり行えない」のは私欲あるいは私意が「知」と「行」とを隔てているからで、それは知と行の本来のあり方ではない。知行の本来のあり方としては知っていれば必ずそのとおり行われるはずのものだという主張である。行ってはじめて真に知ったことになるという趣旨の論である。

さらに、知と行は同じものの両面であると考えるもので、知と行はそれぞれ異なった面から見たもので、不可分の一体であるから分離して考えてはならないのである。

近代科学でもまず認識がなされ、考慮判断の後で行為がなされると考えるのが普通であるが、そのような常識的な考えを超えるところに王陽明の総合的認識の重要さがある。

③　致良知

致良知は陽明が晩年になってから唱えた説で、最も重要な命題である。

致良知はもともと『大学』の中にある「致知」の新しい解釈として王陽明によって考えられたものである。朱子は「致知」とは「知を致す」、すなわち「知識を致す」ことで、それは「知識をおしきわめる」つまり「あらゆることを全部知りつくす」ことであると考えた。

これに対して陽明は『大学』の中の致知の「知」を『孟子』の中に見られる「良知」と見なし「致知」とは「致良知」（良知を致す）と解釈したのである。

ところで「良知」は元来『孟子』（尽心上篇）に見られる「良知・良能」に基づいているが、「良」は人が生まれつき備えている良きものを意味している。そこで「良知」も文字に即して言えば「人が生まれつき備えている良きもの」である。

陽明によると「良知」という用語にはいくつかの意味が規定されている。まず第一に「心の本体」で、第二に『孟子』にある「是非の心」（是非善悪を判別する能力）であり、第三に『中庸』にいう未発の中（心が作用せず静止しているときの中正なる状態）であり、第四に「天理」そのものであり、第五に「真誠惻怛」（誠なるあわれみの心）でもある。しかしその中心となるものはやはり「是非の心」である。つまり良知とは是非正邪善悪を明らかにする能力のことである。

④　万物一体の仁と熱情的力

程明道の思想を継承した王陽明思想の柱の一つは「万物一体の仁」である。王陽明は『大学問』の中で大学とは「大人の学」を意味するとした。ところで大人とは天地万物を一体とみる観念をもつ者であると述べている。王陽明によると、宇宙のすべての事物は一体であり、それは不可分の全体である。「仁」についてもこの立場から説明される。人が心を動かされるのは見ている対象が哀れむべきものであると考えるからではなく、対象が自分と一体と認識しているからだと主張する。仁は人間の道であるが、それが道徳律としてあるからではなく、一体だからこそ自然に、やむにやまれず生じて仁に致るのである。

次に、さらに重要なことは、「万物一体の仁」がもたらす「熱情的力」の問題である。人は皆同胞であるから「万物一体の仁」は徳の平等性をもたらす。徳の平等性は神の前における人間の平等という主張と同じく、それ自体では何ら現実の不平等を打破する力を持つことにはならないかもしれない。しかし島田虔次（『朱子学と陽明学』（一四二頁））が言うように、いかに抽象的な原理であっても、それが熱情的に肯定され、固執せられるならば、それはやはり現状をゆるがす力を生み出してくる。こうして陽明学は熱情的な性格を持つ思想である。

⑤　事上磨錬

事上磨錬とは実践を通じてみがききたえていくことである。王陽明は読書と静座を否定はしなかったが、書物を読んで知識を獲得することよりも、心に自ら悟ることを重んじた。また心が動揺して制御できないような初学の段階の者については、心を静め落ち着かせるために静座の効用を認めたが、静座に励んで「静」を好むようになると、事に臨んだ場合に何もなし得ないような結果になるから、それを避けるために「事上磨錬」を提唱した。平常の職務遂行の中で「致知格物」を行うのが実学だというのである。

⑥　真誠惻怛

陽明は庶民も聖者と等しく心に「良知」が存在しているから、たえずこれを研ぎ澄まし、これに従って行為することによって誤りのない生き方が出来るということを確信した。そこでこの見解に同意する人は同様の確信を主張するようになる。

しかしながら現実には曇らされることのない「良知」によって行為する人は少なく、私欲に曇らされた「良知」によって誤った行為が多くみられるようになった。そこでこのような弊害を取り除くことが必要になる。ところが陽明は「良知」が私利私欲によって曇らされるような危険が生じたなら、それを取り除いて「良知」を輝かすはたらきも「良知」の中に備わっていると説いた。すなわち、普遍的に人に内在する「良知」が全能の働きをするように「良知」自らが努力することを「良知」の輝きと呼び、そのような良知の努力を推奨したのである。人はたえず「良知」が「良知」たるように努めなければならない。

そこで「良知」は具体的、現実的に実践されなければならない。それはどのようにして可能なのであろうか。先に王陽明による「良知」の意味を五つに分けて示した中の第五に真誠惻怛を指摘しておいた。陽明は「良知」の本体あるいは内実について、次のように述べている。

「思うに、良知とは何よりも天理が自然霊妙に発現したもので、真誠惻怛こそがその本体なのです。だから、この「良知」の真誠惻怛を発揮して、親に事えれば、それがそのまま孝であり、これを発揮して兄に従えば、それが悌であり、これを発揮して君に事えれば、それが忠であり、これは一なる良知、一なる真誠惻怛であるのみです」[10]。

このように陽明は「良知」とは真心と人に対する思いやり（あわれみ）であると説いた。これは「良知」のまこととに平易な実践を述べたものである。方谷の至誠惻怛もここから来ている。

二　方谷の『伝習録』研究

（一）方谷の陽明学への接近

方谷は陽明学者と見なされてきたが、自ら陽明学者とは表明していない。それは江戸時代、幕府公認の学問は朱子学であったから、藩校に学び学頭を経験した以上、陽明学を表看板にすることは出来なかったからである。師の佐藤一斎がそうであったように方谷も「陽朱陰王」（表向きは朱子学だが裏では陽明学）であった。

晩年の小阪部塾においてさえ、講義は朱注釈を用い、王陽明に言及するのは特別な場合とされた。方谷が陽明学を正面切って講じたのは幕府崩壊後、明治六年から九年までの閑谷学校においてである。

丸川松隠に学んだ儒学は朱子学であった。後、京都に三度遊学したが、三度目の天保二年七月から四年十二月までの遊学の際、春日潜庵に紹介されて初めて陽明学に接した。

天保四年の秋、方谷は鴨川の西郊の仮寓で王陽明の『伝習録』を塾読玩味したという。その時のメモが「伝習録抜粋序」である。また方谷は同じ頃に出版されたばかりの大塩平八郎の『洗心洞箚記』を入手して、有終館学頭の奥田楽山に送り、関係者に閲覧を勧めてもいる。これによって方谷の陽明学への関心がいかに高かったかが知られる。

方谷はそのまま江戸に遊学し二年九か月間、佐藤一斎の塾に学び、帰国すると有終館の学頭に選任され、以後二十年学頭の職にあった。

（二）方谷の「伝習録抜粋序」

① 抜粋作成の意図

先にも述べたように、方谷は三度目の京都遊学の際、天保四年（一八三三）秋、王陽明の『伝習録』を塾読した。方谷の洞察力は陽明学の特質を鋭く捉えている。その特質について書き残された「伝習録抜粋序」をとりあげて、方谷が理解した陽明学の特性を考えてみよう。

『伝習録』の内容に感銘を受けた方谷は繰り返し塾読し、その要点を書きとめ、座右に置いて陽明の生き方にならいたいと考えた。これはそのメモのための「序」である。残念なことにメモの本体は紛失して現存しないが、せめてこの「序」が残されたのは大きな幸いであった。まずこれを見てみよう。

② 朱子学と陽明学の比較

朱子学と陽明学はどちらも同じく道理を伝えて、それを学習するものである。ところが世間では朱子学を学ぶ人が陽明学の誤りを厳しく批判しているのはなぜであろうか。思うに朱子学は心の内のことと心の外のことを合わせて研究しており、博く学ぶとともに集中もしている。そのため朱子学を学ぶと偏ることなく中庸にかなっている。そこでこれを習う者は知識の少ない人も多い人も、頭脳明晰な人もそうでない人も、順序にしたがって学習することが出来る。これがその利点である。

これに対し、陽明学は心のことを大切にし、心の内に集中して散漫にならないことに努めている。そこで陽明学によって学ぶと一方に偏ることになり、学習する者によっては利点があらわるることもあり、欠点が生まれることもある。それはなぜかというと、知識が少なく愚かな者が陽明学を習うと、自分の心だけを師として、故人や古典から学ぶことを怠り、ほしいままに振る舞いが荒々しくなり、人をはばかることを忘れた行動がおこるからである。これが欠点である。

ところが、知識が豊かで賢い者が陽明学を学習すると、人間性をすみやかに洞察し、道理の判断が速くなされる。またこれを事業の経営に適用して効果をあげている例が往々にして見られる。これがその利点である。陽明学を学ぶ者がよくその欠点を克服し利点を生かすならば、また同じように道理を伝え、それを習うようにすれば何も悪いことはない。

天保四年の秋、私（方谷）は京都鴨川の西郊で閑居し、長い間、人に接しないで、王陽明の『伝習録』を手にしていつも熟読し、会得したところ、あたかも澄んだ水面に明月が映り水と月のへだてがないような清々しい心地がした。そこで陽明学によって学習するなら、人間性を洞察することが、ますます、迅速になされ、道理の判断が正しくなされるということを確信したのである。

そこで『伝習録』の長所のいくつかを筆記して座右に置くことにした。それは先に述べたところの、善く陽明学を学ぶ者の学習法にならいたいと思うからである。

ある人が言うのに「あなたは朱子を学ぶ者ではないか。道理を伝え習う方法は朱子学の書に完備しているはず。どうして他に求めるのか」と。これに対して私（方谷）は答えた。「当今の朱子学者は王陽明の欠点を争って攻撃し、しまいにはその利点までも排し、さらに大切な心の内のことを捨てて、しめくくりがなく、役に立たないことにかかずらわっている。このようなことはどうして朱子その人の本意であろうか。そこでこの『伝習録』の抜粋を作ったのは、そのような弊害を救って中正にかなうように願うからである。そもそもこれが朱子学において道理を伝え、これを習うことの本意である」。[11]

③　陽明学の長所と短所の考察から得られるもの

この方谷の「伝習録抜粋序」から読み取ることが出来るのは次の二点である。

陽明学の長所としては知識が豊かで賢い者がこれを習得すると、その本領をすみやかに発揮し、道理の判断が早くなされる。

短所としては心の内に集中するため、もし知識がとぼしく愚かな者が学ぶと、独善的となり荒々しく勝手気ままな行動を生み出すこととなる。こうして例えば陽明学左派のような社会問題を生み出すことにもなる。

この短所についての方谷の説明を知ることによってはじめて、方谷が最後の小阪部塾においてさえ、陽明学について語るのに慎重であったことの理由があますところなく理解される。それは「陽朱陰王」のあり方からもたらされただけではなく、安易に陽明学を教えると、一知半解の輩が陽明学を盲信して問題行動を起こすことを危惧したのであろう。

④ 陽明学の長所からみた相応しい人

陽明学の長所を考えると陽明学に最も相応しいタイプの人間はどのような人かが示唆されている。知識に明るく賢い者がこれを活用すると、自分の本領をよく発揮することが出来、物事の道理の判断が早くなり、思い切りがよくなる。これを事業に適用し、効果をあげている人をみかける。

方谷は陽明学によく適合するのは、困難な課題が次々に襲って来る事業を果断に処理して経営に当たる事業家であると考えている。

陽明学は王陽明が次々と襲いかかる困難を解折し、反乱軍をつぎつぎと平定していく過程で生み出したものであるから、課題解決型のタイプに最もよく適合しているのであろう。王陽明もまた方谷もそのようなタイプの人間であった。

筆者は方谷の本質は文弱な儒学者ではなく、王陽明と同型の剛胆不敵な武人であったとみている。

三　閑谷学校講義にみる方谷の思想

ここで山田方谷の思想の真髄について、閑谷学校における方谷の講義録を用いてまとめてみたい。それは（一）「自然の一気」から「養気の学」へ、（二）「良知」と「養気学」、（三）東洋の「気」と西洋の「神」である。以下順に述べてみよう。

（一）「自然の一気」から「養気の学」へ

岡本巍は閑谷学校における山田方谷の講義録「孟子養気章或問和訳序文」のなかで次のように述べている。

「岡本巍はかつて山田方谷先生に入門した。巍は非才の故その核心に迫ることは難かしかったが、久しく触れ合い薫陶を受け、幸いにして聖門（陽明学）の真理に近づくことが出来た。方谷先生の学問もまた独自の原理があるが、それは『自然に従う一気』である、思うに方谷先生は晩年大いにその道に自ら悟る所があり、常に弟子の諸君に対して『宇宙間は一大気だけで、ただこの気があるゆえに理が生まれる。気が理を生ずるのであり、理が気を制するのではない、ゆえに人がよく一気の自然に従えばすなわち仁となり、義となり礼となり、智となり、そこに万変の条理が生まれる』と言われた。これこそが聖門（陽明学）の真実の血脈である。どうして『気』の上に別に『理』を加える必要があろうか。しかしながら洙泗（孔子の学）が絶えて濂洛（宋学）が興隆してから、その学は『理』を以て中心とし、『理』が『気』を制していて、『理』と『気』が判然となると説く。ところがその『理』は人の思索と構成によるものであるから気中自然に沿うものではない。明代に余姚に陽明が出たことによって、その学風は独り『気』をもって中心とするようになった。ここにおいて聖門（陽明学）の道が初めて粲然として明らかになった。これが方谷先生の教えの大略である」[12]。

もちろんこれは朱子学を批判して成立した陽明学を述べたものである。方谷はまずもって陽明学者であるから、陽明学の真理を述べているわけである。しかし同時に方谷は陽明学が形成された根元は孟子の養気にあるのであるから、その根元を究めなければならないと考えていた。それを知った岡本達は方谷先生に養気の章の講読を頼んだ。岡本は次のように書いている。

方谷先生はこの要請を快諾し直ちに講義を始め、詳細にわたり、学の蘊奥をきわめるものであった。然しながらなお惑いが生じることを恐れ、或問図解を作って明瞭にすることに努めた。この編（山田方谷顕彰会「山田方谷孟子養気章講義」八三〜九〇頁）がそれである。ここにおいて岡本巍等同門の友人は大には啓発された。これをもって孟子七編を読むならば、理解出来ないところはない。孟子の書だけでなく、六経に徴しても一つ一つが符合する筈である。

そうであるので方谷先生の学問が拠るのは陽明学にあるとしても、悟りを得たのは孟子養気の道にある。さらに孟子のいわゆる「気」はすなわち子思の誠である。子思の誠はすなわち曽子の忠恕であり、曽子の忠恕はすなわち孔子の仁すなわち舜・禹の中にある。舜・禹の中はすなわち天地の「一大気」である。このようなわけで方谷先生のいわゆる一気自然に従うものはまた中をとり、仁を求め、忠恕を致し、誠をつくし、気を養うものである。

このように考えると方谷先生の「一気自然」の宗旨は天地を貫き古今にわたり、火の熱、水の冷ややかなように、断乎として、百世聖人をまつてなを惑はないものである。単なる一家の学問にとどまらない[13]。

これによって明らかなことは、方谷は陽明学をなによりも崇信していたが、その中にとじこもることなく、その本源に逆上って孟子の養気を究明し、孟子養気の道によって悟りを得たということである。

しかも孟子の「気」は、子思の「誠」、――曽子の「忠恕」――孔子の「仁」――舜・禹の「中」すなわち天地ののである。

「一大気」につながるものである。こうして孟子の「気」は中国古代の聖人の思想から儒教の正統に結びついている

（二）王陽明の「良知」と方谷の「養気学」

方谷は次の質問「王陽明の学問は良知の学と呼ばれているが、むしろ養気の学と名づけることが出来るのではないか」に対して、次のように答えている。

王陽明は「心」の本体である良知によって悟りを開こうとするから、その説の講義では良知を中心としている。その良知とは「人間が生まれながらに持っている心のことで、善悪の判断をする働きがある。そしてこれは気の作用である。そこで気の力を正しく用いることが良知であるから、気を正しく養えば心は満足する。もし心が満足しなければ、良知そのものが気を正しく用いようとしますから『気を養う』方法があれば、必ずしも良知と言わなくてもよいのである」と答えている。

ここには極めて根本的に重要なことが示唆されている。すなわち陽明学者としての山田方谷は最終的に陽明学にとどまろうとしたのか、これを超えようとしたのかという問題である。

歴史上のすぐれた人物が既存の学説を超えようとする時には決まって古い学説に逆上ってその中の要素を押し出してそれを組み立て新しい学説を主張することによって既存の学説を批判する。

例えば朱子は致知を一つひとつの物に宿る法則や論理を突きつめていくこと、すなわち万物を司る法則を明らかにする格物致知と考えたのに対し王陽明はこれを批判するため、同時代の学説を超えて、致知の「知」を『孟子』の中の「良知」と考え、これを人に生まれながらに備わっている善悪の判断をする働きをもつものと捉え、これを致知の知にはめこみ「致良知」を創り出した。そして良知を中核とした新しい理論体系を作り出したのである。

これと対比すると方谷の場合には王陽明の良知を中心とする陽明学に従っているが、王陽明と同様に『孟子』にまで逆上り、良知のあり方を考察している。その結果、良知も物質でもありエネルギーでもある「気」の作用であるとしている。

つまり「気」の力を正しく用いるのが良知であるから、気を正しく養えば心は満足する。心が満足しなければ良知そのものが気を正しく用いようとするから「気を養う」方法があれば、必ずしも良知と言わなくても良いのである。

こうして方谷は王陽明の思想は「養気章」にまとまっているので「養気学」と名付けてもかまわないと指摘している。しかし王陽明の学問に「養気学」と名付けているのは方谷だけであると記している。

さらに方谷はこのことを拡大して次のように述べている。「王陽明の学問は孟子の学問であり、孟子の学問は子思の学統です。子思の学統は孔子の教えであり、孔子の教えは古来からある本来の道徳的思想です。これらは共通して『気を養う』ことで貫かれていると考えると、陽明学のみならず古今の儒学思想をすべて『養気学』と名付けることも可能である」[14]。

このようにみると、方谷は王陽明の理論の中核をなす良知を気の作用であるがゆえに気を養うことが正しくなされると、必ずしも良知と言わなくてもよいと述べている。すなわち方谷は王陽明の「良知」を肯定しながら、その根拠が「気を養う」ことにあることを指摘し、王陽明を補足している。すなわち方谷は陽明学にとどまりながら、それを補強し拡大しようとしている。そして陽明学を「養気学」とし、さらに古今の儒学思想はすべて「養気学」であるとも言えるとしている。

こうして方谷は王陽明以上に「気」を重視しているといえよう。

(三)　東洋の「気」と西洋の「神」の同一性

中国の古今の学が「養気学」であるとすれば、神に仕え気を養う思想は普遍性があるかとの質問に対し、方谷は次のように答えた。

まず「広大なる宇宙に『気』は満ち満ちています。ですから神に仕え『気』を養うことは、どの国のどの時代でも同じです」[15]と答えたうえで、日本について「我が国が古くから神をあがめていることは、他の国から群を抜いています。後に神に仕える方法を教義化した際にも、正直であることを大切にしています。つまり、孟子の命名した『気を養う』思想を、中国の思想を借りることなしに、我が国の思想と自然に融合させているのです」[16]と答え、この思想が中国の思想の助けを借りることなく、行われていると述べている。

さらに西洋諸国についても「西洋諸国も古代には神に仕えることを教えの基本にしています。最近、西洋の書物の翻訳を読みますと、しばしば〝良知〟という言葉が出てきます。私が思うのに、西洋思想でも、人に備わる『気』と万物を産み出す『神』とは同一のものであるようです。ですから、東洋思想にいう良知の概念を借りてその思想を説明し、また、宇宙の根源的な力である『気』に人間を従わせることで利己的な考えを生じさせないようにしているのではないでせうか。ということであれば、『神に仕え』て『気を養う』のは、洋の東西、時代を超えて違いはないことは明らかです」[17]と述べている。

この記述にはとても重要なことが、いくつもみられる。まず第一は西洋の翻訳をみると良知（もちろんこの良知は良心のことであるが）という言葉が出てくるということである。ここに陽明学とプロテスタントの観念の一部には類似性が推定されていることがわかる。

第二は、万物が生まれる東洋の気と万物を創造する西洋の神とは栈能が同一のものと考えられることが知られる。これにも陽明学とキリスト教の同一性が示されている。

四　山田方谷独自の境地

方谷は天保四年京都遊学中に王陽明の『伝習録』を塾読してその真髄を会得し、陽明学こそ最高の真理であると考えるようになり、陽明学者として生きたが、陽明学は方谷の人格に最も適合したものであったと筆者は考えている。方谷は文献に埋もれて静かに学門体系を構築するといった、いわゆる学者のような生活に満足するようなタイプの人間ではなかった。戦乱の平定に明け暮れた王陽明がそうであったように、打ち続く争乱のなかで、次々と迫り来る困難を瞬時に即断即決して前進する為政者（またはスタッフ）であった。方谷はそのような実に剛胆不敵な武人であった。その内に秘めたパッションは古稀を過ぎた小阪部塾の時代にもなお衰えることはなかったと伝えられている。方谷はまさに陽明学的人間であったと言えよう。

ここで陽明学者としての方谷が陽明学をも超えて独自の境地にあったことの片燐を、中国思想の研究家でありながら、深く山田方谷の研究を進めておられている宮城公子教授の研究業績を参照しながら考察してみよう。

（一）方谷の存在論と気の哲学

方谷の存在論は中国古代思想に源泉を持つ「気の哲学」に拠っており、強い確信となっている。これは日本の多くの陽明学者に等しく見られることであるが、ことに大塩平八郎の『洗心洞劄記』の影響を強く受けている。先に述べたように、方谷は天保四年京都においてこの著書を塾読するとともに、国元の有終館に送り輪読を勧めているから、よほど強い衝撃を受けたものと思われる。

方谷の「気の哲学」においてもユートピアとして「大虚」が熱っぽく繰り返し語られており、これは大塩平八郎の論に類似しており、方谷も大塩に強く影響を受けていることが知られる。その大虚には「気」が充満して生々已むところがない。そして「気」のありようによって万物が生成され、人もまたこれによって創生される。したがってすべての人は同胞であるだけでなく、万物は一体であると観念されている。

方谷の「気の哲学」は王陽明にとどまらず孟子にさか上り、「孟子養気章」にその根拠を求めている。孟子は子思を通じて孔子につながるから、これはまさに古代聖人に至っており、古代儒学の正統であると考えられる。したがって陽明学というより、「孟子の学」または「養気学」と称してよいとしている。

「浩然の気」の要点は技巧・作為を加えることなく、自然のままにまかせることである。

「気」の真体は「良知」であり、これは自然である。

（二）朱子学批判――構成造為の弊

山田方谷の独自の境地と見られるものの一つは朱子学批判である。朱子学においては「理＝性」を形而上のものとし、「気＝情」を形而下とする「理気二元論」に立ち、「性と情」および形而上と形而下を截然と区別している。ところが方谷はこのような理解は思索構成によるものであり、意図的、作為的に考え出されたもので、人間性の自然とは合致せず、性の本質をとらえていないと批判し、「理＝性」は形而下のものだと主張している。

方谷によると「理＝性」は「気」に先立って存在するのではなく、「気」の運動の中から生まれ、状況に従って変化するものである。方谷は「気＝情」の方が「理＝性」よりも基本的なものであると主張する。

次に朱子の場合には「理＝性」は先験的に善であるのに対して、「気＝情」は先験的に悪とされているが、方谷においては「自然」であれば善であるのに対し、「自然でない」と悪とされる。このように方谷においては善悪の基準は自然か不自然かということになる。(18)

このように方谷においては、朱子のように「理は性で善」、「気は情で悪」への可能性といった善悪の価値規準を「性」も不自然であれば悪、「情」も自然であれば善とみなす価値規準に転換することを迫っている。

既成の価値から離れ、人間の自然と本来のあり方に注目する時、朱子学にみられる「構成造為の弊」は除かれるべきもので、これに代わって「自然の誠」をかかげるのが方谷のモチーフであった。[19]

(三) 知覚感応の自然

「自然」によって朱子学を批判した方谷は、さらに陽明学についても問題をなげかけている。王陽明によると、心の本体は善もなく悪もない絶対善であるが、この本体が外物に触れる「意の動」すなわち物の側面において善が生まれ、悪が生まれる。ところが「良知」は善を知り悪を知る道徳的判断の主体であるから、その「良知」のままに善を為し、悪を去る。つまり格物を行うことによって至善である心の本体が現れるということになる。

他方、方谷にとっての「意の動」は人にも物にも普遍的にある「知覚感応」である。格物は事によって感応する「良知」に従うことであり、格とは自然なりに営まれないものを自然なりに運ぶようにし、良知良心なりにしていくことである。つまり方谷にとって善無く悪無きの自然である心の本体をあらわすことが、そのまま知覚感応の自然に従うことであり、致知格物もこのことに外ならない。

いま陽明と異なる方谷の主張を宮城公子教授にしたがってまとめると、次のようになる。

① 至善を「絶対善」でなく「自然」とした。
② 「良知」の良は善ではなく「自然」である。
③ 「良知」を善悪の道徳的判断と実践の主体とみないで、知覚感応する存在とした。
④ 知覚感応は人のみならず天地万物に普遍的なものとみなす。

⑤　功夫とはこの知覚感応の自然に従うこと。

こうして宮城公子教授によると、方谷は陽明を超えて独自の世界を築いていったものと見なされる。方谷の一貫したモチーフは朱子学の「理」がはからずも露呈することになった「構成造為」、作為的意図、功利的打算を排し、「自然の誠」を強調することであったが、このように真の自然性を求めることによって、方谷は王陽明さえまとっている「構成造為」を厳しく批判することになった[20]。

(四)　良知・格物・誠意

陽明学の重要概念としては、「良知」「格物」「誠意」があげられる。人は生まれながらにして是非善悪を判別する「良知」を備えているが、私利私欲に走り利己的になるとこの「良知」にくもりが生じるので、この「良知」を磨くのが致良知である。しかもそのためにはいろいろの事物、行為を正しくするため日常的な実践がなされなければならない。これが格物である。そして「致良知」と「格物」によって「誠意」が実現される。

方谷は王陽明の「良知」を重視している。しかし「良知」も「気」の作用から生まれるから「気」を正しく養えば「良知」と言わなくてもよいと述べ、「気」こそ根本だとしている。そこで陽明学は「孟子の学」であるという。

方谷によると「良知」の良は善ではなく自然を意味する。「気」が滞りなく自然に感じ発生するのが「良知」である。このように方谷は自然にしたがうことを極力強調する。そこで「良知」と「自然」は同一であるとみている。そして心の本体が「良知」である。

(五) 心の本体

心の本体の作用は王陽明にあっては「善を為し悪を去る」道徳的判断と実践であったのに対して、方谷にあっては自然界の万物と共有の知覚感応の自然であった。

心の本体の動的性格は宇宙的原理の反映であるとともに心の内的能動性の反映である。

王陽明も方谷もともに心の本体＝「良知」を善無し悪無しとするところは等しいが、王陽明では善悪無対の善＝絶対善という道徳上の最高善であったのに対して、方谷の場合には無意識、無作為の「自然」であり、心の本体は一大気＝浩然の気の活溌々止むあたわざる自己運動の過程である大虚、すなわち宇宙的原理を反映したものであり、またそれによって形而上学的基礎づけを与えられていた。

最後に王陽明は「良知」を秩序と万物生成の源泉とし形而上学的宇宙原理に祭り上げたのに対し、方谷は「良知と気の作用にすぎない」と「気の哲学」を堅持し、最晩年においては自然と誠意だけでよいとの独自の境地を築いたと見ることが出来る。

しかしそれは陽明学から完全に超脱したと見るべきではなく、一方は「良知」といい他は「自然」・「誠意」と言っても、それはほとんど同じことを違った表現をとっているにすぎず、あくまで強調の仕方の違いであるというのが筆者の見解である。

注

(1) 浅野裕一『古代中国の宇宙論』岩波書店　平成十八年　五二頁

(2) 同　四八－六〇頁

（3）山田方谷顕彰会『山田方谷　孟子養気章講義』七五頁
（4）同　七四－七五頁
（5）同　五五－五六頁、七一－七四頁
（6）同　七六頁
（7）浅野裕一『前掲書』五八－五九頁
（8）三浦国雄「朱子学の構図『人類の知的遺産19朱子』」講談社　一七頁
（9）同　一七－一八頁
（10）溝口雄三訳『王陽明伝習録』中央公論新社　二八四－二八五頁
（11）浜久雄「伝習録抜粋序」『山田方谷の文－方谷遺文訳解』明徳出版社　平成十一年　一四〇－一四四頁
（12）倉田和四生『山田方谷の陽明学と教育理念の展開』明徳社　平成二十一年　一四四頁
（13）同　一四四－一四五頁
（14）山田方谷顕彰会『前掲書』八〇頁
（15）同　八〇頁
（16）同　八〇頁
（17）八〇－八一頁
（18）宮城公子『幕末期の思想と習俗』ぺりかん社　平成十六年　一一四頁
（19）同　一一五頁
（20）同　一一六－二〇一頁

第三章　陽明学とキリスト教

序　熊沢蕃山、山田方谷およびキリスト教の三つのバンド

序論の（一）で池田光政の治績を述べた際に幕府の儒官林羅山によって熊沢蕃山の陽明学がキリシタンの亜流とみなされてきびしく追求され、結局それが一因になって蕃山は岡山藩を致仕したことを述べた。これからしても、徳川時代の初期から陽明学はキリスト教と混同される程に親近性があるものと見なされていたのである。

第二に明治初期にキリスト教が解禁されて伝道が始まった時、それを受け入れ受洗した人達には陽明学徒が多かったと言われている。すなわち陽明学の教養がキリスト教への入信の導きの糸となったとの見方があるのである。

ことに岡山県では山田方谷の陽明学的教養の影響がきわめて大きかったと言われている。

第三に明治初期のキリスト教の伝道に大きな影響を与えたのは三つのバンドであると言われている。その一つは横

浜バンドである。そこでは本田庸一や植村正久のように、横浜で宣教師のバラやブラウンなどに英語を学ぶことから始まり、やがてキリスト教にふれて入信した人達が神学校に進んで牧師になった人達である。本田のキリスト教徒としての活躍については本章の一の（一）、植村については　二の（三）で詳論する。

二つ目の熊本バンドは明治四年に出来た熊本洋学校においてアメリカ人ジェーンズ校長のもとで学んだ生徒が明治九年、花岡山で「奉教趣意書」に署名した人達で、後同志社に転入学して牧師となったグループである。この代表として海老名弾正について本章一の（二）で詳論する。

三つ目の札幌バンドは日本の北海道庁の要請でアメリカ・マサチューセッツ農科大学の学長を務めていたクラークが札幌農学校の教頭として八か月間教えて帰国する際に「イエスを信ずる者の誓約」に署名した人達および二期生で署名し受洗した人達のことを意味している。このバンドの代表として内村鑑三については本章二の（一）、新渡戸稲造については二の（二）で詳述する。

明治初期に受洗した人の中には陽明学に親しんでいた人が多いと言われる。儒学の中でも殊の外、陽明学にはキリスト教と最も類似性があり、親和性があると言われている。その問題を以下論じてみよう。

一　陽明学的教養に導かれて受洗した人

（一）本多庸一

①　本多庸一の生涯

本多庸一は嘉永元年（一八四八）津軽藩の重臣の長男として生まれた。十才のとき藩校稽古館に入学し十七才にしてそこの取締役に任ぜられる。この頃朱子学に満足せず、陽明学者中江藤樹や熊沢蕃山の思想を学んでいる。

一九七〇年藩費によって英語を学ぶため横浜に留学し、オランダ人の宣教師S・R・ブラウンやJ・バラに出会う。しかし一九七一年には廃藩置県のため津軽に帰り師弟教育に専念し、東奥義塾の塾頭を務めた。一九七五年「弘前日本基督公会」を設立。これは翌年弘前メソジスト教会となった。さらに一九八二年には青森県の県会議員となり、十九年間務める。

一九八三年東京築地新栄教会で按手礼を受け長老となる。さらに東京英和学校校長、青山学院院長を務める。またメソジスト系教会三派の合同総会において初代監督に選ばれる。[1]

② 本多庸一と陽明学

さて次に本田庸一と陽明学との関係について、山路愛山は大要次のように述べている。

本多の弘前藩は朱子学を学習していたが、本多はこれに満足することが出来なかった。自分は朱子学が説く宇宙の哲理を深く味わったわけではない。またその哲学の教えに納得をしたわけではない。自分は儀礼対応の煩瑣な末節にこだわり続ける朱子学に満足することはできなかった。そこで私は藩校の書庫の奥にあって、学生が容易に接見することを禁じられていた陽明学関係の文集のうち『伝習録』などをかろうじて借りることが出来てこれを読破した。また同様に熊沢蕃山の『集義和書』『集義外書』などを読んだ。そこで朱子学よりも陽明学の方がより自然であることを知って嬉しく思った。後に私（本多）がキリスト教徒になったのを知って藩の長老達は、彼は陽明学を学んだが故にキリスト教徒になったのだと語ったという。

山路愛山が述べたように最初に朱子学を学んだがその形式的で道徳主義的性格があまりにもわずらわしかったのですっかり嫌気がさしたが、たまたま読んだ熊沢蕃山の『集義和書』『集義外書』によって、陽明学の自由活達の精神があることをを知ってこれに魅せられたのである。[2]

以上のように本田は英語の学習を機にキリスト教と出合い、二十四才の時にバラによって受洗したが、入信を導いたのは陽明学の教養であったのである。

本多のキリスト教への入信を助けたのは、朱子学が封建的階層秩序の維持をはかる社会規範に堕したのに対して、陽明学は内なる「良知」を強調し、個人の主体性を尊重したことが、ピューリタンの「良心」を尊重する生き方に近似していたからであろう。

序論で述べたように江戸幕府の御用学者であった林羅山（一五八三－一六五七）が熊沢蕃山の学問を邪教すなわちキリスト教であると批判したことはよく知られている。羅山も陽明学とキリスト教の近似性や親近性を敏感に察知していたのである。

（二）海老名弾正

① 弾正の生涯

海老名弾正は九州柳川の藩士の家に生まれた。母を失った十才の時藩校伝習館に入り漢学を学んだ。横井小楠の弟子から実学を学び、その人の紹介で明治五年（一八七二）熊本洋学校に入学した。やがて校長ジェーンズの自宅で開始された聖書講義に出席し、そこでこの世の主君にかわり神（天）を主君とするキリスト教を知った。明治九年（一八七六）、同志と共に花岡山に登って「奉教趣意書」に署名し、キリスト教により国家に身を捧げることを誓った。その事件のため熊本洋学校は廃校となったので、仲間と共に京都の同志社に進学した。そこで夏休みの伝道活動では海老名は新島襄の出身地安中に派遣される。安中では一八七八年新島襄を迎え安中教会が設立された。同志社を卒業すると安中教会の伝道師となり、まもなく正牧師となった。安中教会では柏木義円、湯浅治郎などを育てている。

一八八四年から前橋、さらに東京の本郷で伝道した。一八八七年には熊本に行き、熊本英学校、熊本女学校を創設した。

一八九〇年には京都で日本伝道会社社長に就き教会の外国からの独立をはかった。その後神戸教会で活動したあと一八九七年ふたたび上京して本郷教会の牧師となった。

そこでは雑誌「新人」（一九〇〇）を創刊し、論壇の雄となった。本郷教会は説教を聞くため問題を抱えた青年達で埋めつくされた。この教会に関係して各界で活躍した人としては内ヶ崎作三郎、吉野作造、小山東助、大杉栄、石川三四郎、鈴木文治、中島重、今中次磨、小林富次郎、石川武美などがいる。

海老名によると、キリストは神から見れば人であるが、人から見れば神である。したがって「三位一体」ではなく、神と人間との間の「父子有親」という父子関係を強調した。

この考え方のため福音同盟から除名されたが、日本組合基督教会に属する本郷教会の牧師としての活動は以前にもまして盛んとなり、伝道活動は全国にわたり活発になされた。

一九二〇（大正九年）、同志社総長に就任したが、就任式において、教育の抱負として次の四点を述べた。

①人格教育　②デモクラシー　③インターナショナリズム　④男女共学

ことに男女共学については在任中に同志社において実現した。

ところが昭和三年末、昭和天皇の即位の大典が行われている最中、同志社から失火したため、理事会が責任を取って総辞職して海老名は東京に帰った[3]。

②　弾正と陽明学

海老名は熊沢蕃山に学ぶことによって陽明学を知ったが、その後蕃山の師中江藤樹の上帝や大乙《たいいつ》神の観念についても知るようになる。海老名は中江藤樹について次のように述べている。

藤樹先生は吾教の祖父なり。余が弱冠なりし時、道に志すを得たるは蕃山の『集義和書』の教へし所なり。其後年を経てキリストを信ずるに至りしことも、蕃山に負うところ少なからざりしや――しかるに今、その淵源を藤樹の著書の中に探るとき、即

ち、源泉混々として流れ昼夜舎《お》かざるものあり。(4)

このように海老名は藤樹を「基督の福音を聞かずして既に基督教会の長老」であると断じていたのである。ここに海老名が陽明学とキリスト教をほとんど同視していることを知ることが出来る。

さて熊本洋学校は明治四年（一八七一）に幕末の開明思想家横井小楠が主導した実学党の支配下にあった熊本藩が熱心なキリスト教の信者である米国退役砲兵大尉リロイ・ランシング・ジェーンズを招いて開校した学校である。藩は西洋の文物技術の移入を目指して洋学校を設けた。ジェーンズは最初、教科の教授に専念したが、数年後、自宅で希望者に聖書の講読を始めたのでその影響で海老名をはじめ多くの学生がキリスト教に改宗したのである。海老名はキリスト教に入信したプロセスについて次のように語っている。

予が基督を信ずる順序としては、実学の修養、自然科学、欧米の歴史が備へられた。予が、基督教へと向って、難関を切抜けたのは、実学的見地を胸に抱いてゐたからである。朱子学は、親を三度諫めて、聞かれざれば、泣いて従うと教えたが、実学は良心を基本として天下国家を論じたから、天下国家のためには、親に背《そむ》いても、進み行く活路があった。天が我が心を知り給ふ。…横井小楠は、「宋の朱子」から出発して、「四書」に溯り更に「五経」に至って、遂に天に到達した。天を、上帝に人格化し、天が我が心を見、天が我を保護する。……予は常に良心の責めを受けて、解決し得ない窮境にあった。予は先づ実学の力を得て、精神の活路を開発して行った。…不朽なる生命、普遍せる心、永遠なる成長へと、予の心は向った。斯かる考え方は、曽て実学にて学んだ以上であって、結論は同じである。また儒教でいう上帝、旻天と、基督教でいう神とは、同じではないか。結論は、同じ所に帰着するのだと思った。(5)

ここで論じられている横井小楠は陽明学を否定し朱子学を奉じたとされているが、熊沢蕃山に深く傾倒し、「真の学問とは、全く吾方寸（心）の修行なり。良心を拡充し日用事物の上にて功を用ふれば総て学に非ざるはなし」として陽明学的な個人の心の問題に注目している。そこで井上哲次郎も『日本陽明学派之哲学』では小楠を陽明学派の学者と位置づけている。

ことに小楠が晩年にたどりついた天人一体説は朱子学の二元論から離れて、一元論の立場すなわち陽明学の考え方に近づいている。

③　陽明学とキリスト教

吉馴明子によると陽明学者熊沢蕃山は海老名の「キリスト教への改宗の跳躍台を提供した」と指摘しているが、海老名は蕃山の師、中江藤樹にも深い関心を寄せ「すべての儒者の中でも最も宗教的である」と述べている。

藤樹は皇上帝について「大乙《たいいつ》神は書に所謂《いわゆる》皇上帝なり。その皇上帝は、大乙の神霊、天地万物の君親にして、六合微塵、千古瞬息、照臨せざる所無し」と書いているが、この文章を海老名は「キリスト教における神とまったく同じもの」としているのである。

海老名は『片言居要』という小冊子の中で、キリスト教は「良心の宗教」であると次のように述べている。

吾人《われら》の宗教は良心の宗教ならざるべからず、良心は単に是非善悪を知るの心に非ず。茲《ここ》に宇宙の根帯と一味相通ずるものある也。良心は実に神の宮殿也。良心の権威は此の点に存す。吾人が神を観るは茲心あり。吾人《われら》は基督の胸底に之を見たり。面も基督の良心を吾が良心の中に自覚するに至っては、人生無上の光栄にして真に是れ醍醐至楽の境。(6)

陽明学の核心である良知は是非善悪を先天的に知る道徳的直感力であると同時に宇宙の精神、根本でもあった。海老名の「良心」も陽明学の良知と同じものであった。

二　武士道に接木されたキリスト教

（一）内村鑑三――『代表的日本人』と陽明学

①　内村鑑三の生涯

内村鑑三は文久元年（一八六一）高崎藩の江戸屋敷で生まれ、幼時を高崎で過ごしたが、明治六年（一八七三）上京して東京外国語学校に学ぶ。

明治十年（一九七七）札幌農学校の第二期生として入学した。クラークとは入れ違いになったが、第一期生から「イエスを信ずる者の誓約」への入会を勧められて署名し翌一八七八年メソジスト牧師ハリスによって受洗した。

一八八一年農学校を卒業し、開拓使民事局勧業課に勤務した。一八八四年アメリカ・ペンシルヴァニアに渡り、秋にはアーモスト大学に入学し、シーリー学長の感化により「回心」した。この間に札幌農学校の教頭を務めアーモストのマサチューセッツ農科大学に帰っていたクラークにも会って親しく懇談している。

一八八八年帰国した内村は新潟の北越学館、東洋英和学校、水産伝習所などで教えた後、第一高等中学校の教員となった。

②　教育勅語奉読式不敬事件

一八九一年一月九日、教育勅語奉読式において「不敬事件」を起こし、辞職、井上哲次郎により激しく攻撃され窮地に陥った。

内村にとって生涯のうちで最も深刻な問題は第一高等中学校時代に起こった教育勅語の奉拝に関する不敬事件であった。当日、三番目に礼拝の順が回って来た内村は、一瞬のためらいのあと、「ちょっと頭を下げた」程度で済ませた。

彼にとって宗教的な礼拝にあたる「奉拝」の対象となるのは、その信仰するキリスト教の神以外にはないから、これはキリスト教徒としての宗教的良心に従った態度であった。

ところが内村のこの行動に対して、井上哲次郎をはじめ多くの論者や国民の間にも激しい非難攻撃が始まった。井上哲次郎は「キリスト教は唯一神の宗教であって、天照大神も如何なる神も信じないキリスト教徒は日本個有の忠臣愛国を尊重せず教育勅語も尊重しない宗教であるから許せないのだ」と攻撃した。

これに対して内村は、「形式だけで勅語を礼拝しても、その精神を実行しないことこそ、不敬であり、不忠である。形式的に礼拝すること以上にその精神を実行することが大事なことではないのか」。内村はこうして井上に逆襲した。また植村正久は政治権力は「良心」の領域に入るべからずと内村を擁護した。

③　陽明学とキリスト教

内村の著書の中で今日までよく読まれているのは『代表的日本人』である。これを素材にして、内村が考えている陽明学とキリスト教の関係について考えてみよう。

内村は自分のキリスト教は、自分が前もって受け継いでいる日本の遺産に接木されたものであることについて次のように述べている。

> 本書（『代表的日本人』）は現在の私自身を述べたものではありません。キリスト者として今の私が接木させられたもとの台木を示すものであります、……私は宗教とはなにかをキリスト教の宣教師より学んだのではありませんでした。その前に日連、法然、蓮如など敬虔にして尊敬すべき人々が、私の先祖と私とに宗教の真髄を教えてくれたのであります。[7]

次に内村は『代表的日本人』の西郷隆盛の章で陽明学とキリスト教の類似性について次のように述べている。

陽明学とキリスト教との類似性についてはこれまでにも何度か指摘された。「これ（キリスト教）は陽明学にそっくりだ。帝国の崩壊を引き起こすものだ」。こう叫んだのは維新革命で名をはせた長州の戦略家、高杉晋作であります。長崎ではじめて聖書を目にしたときのことでした。そのキリスト教に似た思想が、日本の再建にとっては重要な要素として求められたのでした。これは当時の日本の歴史を特徴づける一事実であったのです。[8]

また「陽明学は中国思想のなかでは、同じアジアに起源を有するもっとも聖なる宗教（キリスト教）ときわめて似たところがあります。それは崇高な良心を教え、恵み深くありながら、きびしい『天』の法を説く点です」[9]とも述べている。

内村は一八九七年『万朝報』の英文欄主筆として入社した。一九〇〇年には『聖書之研究』を創刊、聖書研究会を始めた。

一九〇八年、ロシアとの開戦論が高まると『万朝報』に「戦争廃止論」を発表し、同紙が開戦論に傾くと幸徳秋水、堺利彦とともに退社した。

その後はもっぱら聖書の研究を中心とした伝道に全精力を集中し、その門に参集した多くの青年たちに鮮烈な影響を与えた。

(二) 新渡戸稲造――『武士道』

① 新渡戸稲造の生涯

新渡戸稲造は文久二年（一八六二）盛岡藩の勘定奉行の子として生まれた。明治四年修学のため上京し共慣義塾をへて東京外国語学校に学んだが農学を学ぶことを志し、一八七七年札幌農学校に第二期生として入学した。内村と同様に一期生に勧められクラークの残した「イエスを信ずる者の誓約」に署名、翌年内村らとともにハリスから受洗した。

一八八一年、札幌農学校を卒業、開拓使勧業課に勤務。一八八三年、上京して東京大学に選科生として入学。一八八四年渡米、ジョーンズ・ホプキンズ大学で学ぶ。一八八七年帰国し札幌農学校助教に決まり、ドイツ留学を命ぜられる。一八九一年帰国、札幌農学校教授に任命される。一八九七年、病気のため札幌農学校を退職しモントレーで療養中に『武士道』（英文）を執筆、一九〇〇年に刊行した。

一九〇一年台湾総督府で糖業振興につとめ、局長となる。一九〇六年第一高等学校校長に就任、一九一八年には東京女子大学の初代学長となる。

第一次大戦後、国際連盟が発足すると事務局次長に就任し「世界の橋」として二十六年まで活躍した。ところが日本ではしだいに軍部が台頭してきた。新渡戸は昭和七年（一九三二）四国松山で「日本を滅ぼすのは共産党と軍閥である」と発言して問題にされた。[10]

②　武士道の淵源

新渡戸は『武士道』の中で、「武士道の淵源」として、仏教（運命に任すという平静なる感覚、不可避に対する静かなる服従、危険災禍に直面してのストイック的なる沈着、生を賤しみ死を親しむ心）と神道（主君に対する忠誠、祖先に対する尊敬、親に対する孝行）に続けて、三番目に儒教（道徳的教義）をあげている。

これら三つのうち儒教ことに孔子の教えは最も豊富なる淵源であった。儒教においては教義は道徳的知識としてではなく実践すべきものであった。

『武士道』のなかで陽明学について次のように書かれている。

西洋の読者は王陽明の著述の中に『新約聖書』との類似点の多いことを容易に見いだすであろう。特殊なる用語上の差異さえ認めれば、「まず神の国と神の義とを求めよ。さらばすべてそれらの物は汝らに加えらるべしと」いう言は、王陽明のほとんどいずれのページにも見いだされうる思想である。……神道の単純なる教義に表現せられたるごとき日本人の心性は、陽明の教えを受けいれるに特に適していたと思われる。彼はその良心無謬説をば極端なる超自然主義にすでに押し進め、ただに正邪善悪の差別のみならず、心理的諸事実ならびに物理的諸現象の性質を認識する能力さえ良心に帰している。[11]

このように陽明学は「良知説」によって武士道の形成に大きく貢献した。良知を神と同じ位置におくことによって、キリスト教と陽明学はきわめて類似している。

さらに新渡戸はジョーンズ・ホプキンス大学に留学中にクエーカー教徒となっているが、クエーカー教徒は「良心」を「内なる光」と呼びこれを尊びこれに従って行動する。新渡戸は良心＝内部の矩はわれわれの魂のなかにある「われわれを赦したり告発したりできる一つの力」であると考えている。これについて、次のように述べている。

この〝力〟には生長力があるから、ジョージ・フォックスはこれを「種子」とよんだ。フォックスとその信徒は、またこれを「内なる光」と名づけた。

王陽明はこれを〝良知〟〝良能〟ととなえ、日本の陽明学者三輪（執斎）はためらうことなくこれに「人の心に宿れる神」の名を与えた。[12]

以上の説明から明らかなように新渡戸は陽明学をキリスト教ときわめて類似した思想であるとみていたことがわかる。

（三）植村正久――聖人の学という宗教

① 植村正久の生涯

日米修好通商条約が結ばれた一八五八年（安政五年）植村正久は千五百石の旗本の家に生まれた。上総で農業を始めたが、一八六八年、横浜に移って借家住まいを始めた。植村は英語を学ぶため、アメリカのオランダ改革派教会宣教師バラの私塾に入る。やがて横浜公会が設立され、一年後の一八七三年植村はバラから洗礼を受けた。やがてブラウン塾に移ったがブラウンは英語だけでなく神学教育も行った。そこで植村は伝道者となることを決心し、やがて東京一致神学校に移る。一八七七年には自宅でキリスト教の講義所を開き、一八八〇年には教師資格をえて下谷教会牧師となった。

一八八四年には日本人による最初の神学書と言われる『真理一斑』を出版する。

一八九〇年にはキリスト教新聞として『福音週報』を創刊したが「不敬事件」では内村鑑三を弁護したため発刊禁止となった。その後『福音新報』と改め一九四二年（昭和十七年）まで続いたがこれはキリスト教の代表的新聞であった。

植村は一八八七年に創設した一番町教会（のち富士見町教会）の牧師として一生を終わるが、その所属した日本基督教会の神学思想と組織の双方の中心的存在であった。神学はオーソドックスな福音主義的キリスト教の立場を一貫して守った[13]。

② 陽明学とキリスト教

良心の自由、内村鑑三に向けられた井上哲次郎の攻撃に反撃し内村を擁護した植村は「政治上の君主は良心を犯すべからず、上帝の専領せる神聖の区域に侵入すべからず」と反論し、「キリスト教徒は徒《いたずら》に個人主義に基づきて権利を主張せず。厳然たる上帝に対するの義務を重んずるに由《よ》りて、良心の自由を固執するとして、キリスト教を擁護した。良心の自由は政治的権力・権威（君主）といえども侵し得ない神聖なものであると主張したのである。[14]

③　王陽明の立志

植村によると朱子学は外面を飾ることに終始し、すっかり堕落したが、陽明学は内なる心を重視し、立志を重視していていると見ている。

人の聖人たるはその心の聖人たるなり。一度その心を放てばこれすべてを放てるなり、一度その心を舎《す》つれば、これすべてを舎つるなり。ここにおいてか本を端《ただ》し、源を澄まさんとする心学なる者起こり来たる。藍より出でて藍より青きは陽明洞の達人なるか。彼は孔子の品性学を超えて、ここに「聖人学」を教えたり。学者としての陽明、師としての陽明、一個の人としての陽明――彼が学問を教育も品性も、もしその「立志」を外にすれば、決して知るべからざるなり。「志は木の根なり、水の源なり、人の命なり」と彼自らこれを言う。彼がその身にもちまた放てるすべてのもの、皆この中心より四出《ししゅつ》せる者なり。[15]

④　聖人学という宗教

植村は陽明学は単なる儒教の枠にはとどまることのない「聖人学」と認めている。

試みに彼の集を繙てこれを看よ。天理、良知、精霊、静座、造化等の語のいかにその中に充てるかに驚かん。普通の儒書を措いて陽明集を読めば、なをあたかもマコーリを読みてカーライルに徒《うつ》るがごとき心地す。……彼の学問は孔子学にあらず、普通にいわゆる儒学にあらず、ただ「聖人学」なり。なんとなれば、孔子およびその宋流の学問、教育、品性等の中には、王陽明のごときアスピレーションなければなり。これすなわち彼の学問が他のために異端視せられたる所以《ゆえん》なるか。[16]

さらに植村は

陽明学は人をして生命の水に潤《うる》わしむ。儒学には彼のアスピレーションなし。禅学には彼のアスピレーションなし。アスピレーションはすなわち王陽明なり。陽明学はすなわち一種の宗教なり。儒学を知らんとする者は、朱子を措《お》いて王陽明を緒くべし。王陽明を知らんと欲する者は、先《ま》ず何よりも「立志」を見るべし。(17)

と述べている。

以上によって植村は陽明学が「立志」を重要視し「アスピレーション」を持つゆえ、一種の宗教であると考えていることがわかる。しかもそれは良知（良心）を最も重視する故にキリスト教に近似の宗教であるとしている。

三　キリスト教徒による陽明学の評価

①　松村介石の生涯

松村介石は安政六年（一八五九）明石藩士の次男として生まれた。十六才の時、自由に学問をする条件で森本家の養子となり、英語学習のため神戸の宣教師のもとに通い、「マタイ伝」などを読んだ。これがキリスト教との出会いであった。

そのあと横浜のバラ塾に入り、やがて受洗し、伝道に精励する。一八八二年（明治十五年）岡山の備中高梁教会の第二代の牧師となった。本書は山田方谷のことを論じているが、方谷が幕末に活躍したのが備中松山、後の高梁である。

明治十五年に創設された高梁教会では森本牧師の熱心な宣教によって信者は急増した。さらに翌十六年九月十日の夜からリバイバルが起こり、さらに十七年一月と三月にもリバイバルが燃え上り多数（七六名）の受洗者を得た。

ところが十七年になると、もともとキリシタン嫌いの地元共同体による強烈な迫害事件が起こり、度々高梁教会が襲撃を受けた。森本牧師は迫害と果敢に戦ったがついに体調をこわし辞任に追いこまれた。

辞任した森本牧師は大阪に移り『福音新報』の主幹となったがまもなく廃刊となった。ところが失職中に陽明学の思想に出会ってこれに心酔し、陽明学によってキリスト教を説くようになった。

そのあと東京に出て『基督教新聞』の主筆や山形の英学校の教頭をつとめたあと松村家に復籍し、内村鑑三の後任として新潟にある北越学館に教頭として赴任した。そこでは王陽明の思想を実践するため、これまでの宗教教育を止め、校則も廃止して「良心」に従って行為することを求めた。しかし教員や宣教師に反対されて辞職した。

そのあと鎌倉に居を構え執筆に専念していたが、やがて「日本教会」を設立し、どの宗教にも屈さない独立独歩の教会として活動した。

やがて松村の思考はしだいにキリスト教から離れ、キリストも孔子などと同じ聖人と考えるようになり、会も「道会」と改称し新しい宗教として活動した。その活動の特徴は洋の東西を問わず、すべての人々に受け入れられる神の存在を説いたことである。(18)

② 陽明学とキリスト教

これまで陽明学的教養によってキリスト教に入信した例をたどってきたが、松村介石の場合にはキリスト教徒となった後で陽明学を知りその思想のすばらしさに魅せられ「陽明学的キリスト教」を唱えている。

松村は三十才ごろから再び東洋の思想に目を転じ、漢籍漢学をひっくり返してよみはじめている内に、陽明学に到達して、これを研究してみると、キリスト教に非常に類似していることに思い到った。そしてさらに精神修養の点においては、キリスト教以上であると語っている。

儒教の天帝をキリスト教の神と同一化した松村は「陽明は天地万有に通じている道を説き、その道の本源を天と云い、其の天に合する所に霊学があり、其の霊覚を体得せよと云うのが、その学である」[19]と述べている。キリスト教信仰を通して陽明学を理解し、陽明学を通してキリスト教信仰を深めるというように、松村にとって王陽明とキリスト教は渾然一体のものとして理解されている。

四　陽明学とキリスト教の類似点

これまで六人の著名なキリスト教徒について陽明学とキリスト教との類似性や親和性について個別に論じてきたが、ここでまとめて両者の類似性について述べてみよう。

① 儒者で日本最初の陽明学者とされる中江藤樹の上帝、皇上帝の観念はキリスト教の神観念と同一のものと考えられる。一般に古代中国の思想には「天」または「上帝」の思想があり、これが漢代や唐代を経て宋代、明代に伝えられている。日本の場合には陽明学を学んだ中江藤樹においては「上帝さらに大乙神《たいいつ》」という名称の人格神を崇拝していたから、中江藤樹はキリスト教徒であったとの見方もある。

② 陽明学における「万物一体の仁」とキリスト教の「愛」はきわめて近似した概念と見なされる。中国の儒学には古くから「仁」が最も重要な理念とされてきたが、ことに宋代や明代に入って強調されるようになった「万物一体の仁」はキリスト教の「愛」によりよく対応している。

③ 陽明学の「良知」はキリスト教ことにプロテスタントの「良心」とよく対応している。本書では主にプロテスタントを対象としているから、陽明学の「良知」とプロテスタントの「良心」は適切に対応している。このことは漢訳聖書を読んだ山田方谷も指摘しているところである。

良心に従った行為は国家権力といえども安易に犯してはならないと考えられている。個人の自由権の根底をなすものだからである。王陽明では良知が神であった。

④　陽明学が主張する「知行合一」の行動主義と「万物一体の仁」が生み出す平等主義が結びつくことによって生み出される「熱情的実践」は神の啓示をミッションとしてなされるキリスト教徒の「献身」、「地の果までの伝道」と対応しているとみることが出来よう。

以上、四つの側面からみても陽明学とキリスト教は江戸幕府の儒官であった林羅山以来、きわめて類似性、親和性のあるものと見なされてきたのである。

五　山田方谷とキリスト教

これまで陽明学とキリスト教が意外なほど類似性があり、明治維新以降かなりの陽明学徒がキリスト教に入信した事実を知った。

すぐれた陽明学者であった山田方谷はどの程度キリスト教のことを知り、どのような関心をいだいていたのであろうか。次に山田方谷とキリスト教について調べてみよう。

(一)　山田方谷と漢訳聖書

伊吹岩五郎の『山田方谷』によると、方谷は陽明学以外にもさまざまな学問分野や宗教にも強い関心を示し、仏教も深く研究していたが、驚いたことに『漢訳聖書』を通読し要理を理解していたという。それによると、佛教に関する先生の研究は決して一片ではなかったと考えられます。其他漢訳聖書の通読はせられたことを言ひ得ることです。塾生にして比較的長者のものには明治二年頃に於て英語の修養を勧め、其英語修学よりして精神的要素を得んとせば基督教の精神に触れねばならぬと言われたと、或る人より聞きました。それで先生は其遊学の資をも工夫されたとのことも記されました。これはその勧めを受けた本人の直話です。而して其人は後基督信徒となった方なので、先生の個人的教養につきて盡されたことを知ることが出来ます。[20]

このように方谷は明治二年頃からは年輩の塾生には英語を学習することを勧め、さらに西洋文明の根底にある精神的要素を研究するためには「キリスト教の精神」にふれなければならないと述べているのである。

（二）　獄制改良とキリスト教

鳥取一男によると、方谷は行政改革として盗賊の取り締まりを厳しくしたが、その犯罪者を集めた「寄場」と称する「懲役場」を設けた。そこでは軽犯罪者には更生の機会を与えて、感化善導し、改悛の情あるものは放免したという。[21]

これは簡易な刑務所である。このような実際の施策から学んだのか方谷は監獄制度の改善策について述べている。

先生は或時に獄制改良のことを記しておられます。之は元治か慶応の頃でせう。一獄制を正さんとならば、刑官たる人、先根本の道理を悟り可申、仏門にては善悪不二の眞理より、華厳行願品に有之、諸衆生因其積泉、諸悪業故所感一切極重苦果我皆代受と有之文を会得し、又は洋教の五族皆兄弟の大道より、耶蘇の世界万民の罪に代り磔刑に遭し事を感得し、これを根本として下役同心共の中にて、仁愛ありて理に明なる者に、此根本を懇々説得し、獄中掛役を可申付事。

先生の獄政を改良せんとせられし所のものが全然宗教的信念を基礎とすべきを以て標準とせらるることは、先生の機を見ると言うよりは、至誠惻怛が何れの處にも響くものと見るべきものでせう。仔細に先生の意見を調ぶるもの、何れの点にも先生の意の流れしを見ることを得ます。[22]

このように方谷は獄制改良にはキリスト教における「キリストが十字架上の死によって人類の罪をあがなった救いの思想」を取り入れるがよいと提案しているのである。

この点については、高梁へのキリスト教の伝道と高梁教会の設立にあたって大きな役割を果たし、その後、今治教会、松山教会さらに東京方面で伝道や教会設立に大きな役割を果たした二宮邦次郎がいよいよ牧師の道に進む際に二宮の養母が新島襄に話した言葉が伝えられている。彼女は「山田方谷は明治の大儒で三島中洲の師匠です。ごく進取的な人物で、キリスト教のバイブルなども調べていたらしく監獄制度も研究し、ゆくゆくは監獄制度もキリスト教の精神を以て処理せねばならぬようになるだろうと言ったそうです」[23]と述べている。

このように伊吹岩五郎と二宮邦次郎の養母の証言によって、山田方谷が漢訳聖書を読み、キリスト教の要理を正しく理解していただけでなく、その人間愛によって日本の冷酷な監獄制度を改良しなければならなくなるだろうと考えていたとはただ驚く外はない。それは後に留岡幸助が実践した課題であった。

ともあれ方谷はキリスト教を理解し、その人間愛を高く評価していたのである。

(三) 方谷の門弟達によるキリスト教の受容

方谷は明治六年春から九年まで閑谷学校で陽明学を講じたが、病を得て十年六月に逝去した。そしてその二年後に岡山からキリスト教が高梁に伝道されたのである。ここで「高梁へのキリスト教の伝道」について方谷に関連した視点から、五章と少し重複することをいとわず述べてみよう。

① 岡山ミッション・ステーションと高梁への伝道

明治新政府の文明開化の政策によって西洋文明や文化が急激に流入してきた。そこで当然文明・文化の根底にある宗教としてのキリスト教も流入することになった。ところが日本では徳川幕府はキリシタンを厳しく禁止したため慶応三年にも「浦上四番くずれ」の悲劇が生まれたが、それも西欧諸国の厳しい抗議によってついに明治六年大政官の禁令が廃止されたのでようやく信仰の自由が実現した。そこで世界のキリスト教が日本への伝道を競って開始した。

プロテスタントに限っても大きなミッションが七つあるが、その中の一つに日本組合教会系の「アメリカン・ミッション・ボード」がある。このミッションは権力の中軸である東京をさけて明治二年に神戸に本部を置き主に西日本に向けて伝道を開始した。ところが西日本も広範な地域に及ぶので、神戸の本部とは別にステーションを設ける計画を立て最初福岡を予定していが、岡山県職員の中川横太郎の熱意にほだされて、岡山にステーションを作ることに決め、明治十二年に岡山市の東山公園に宣教師館を建設し宣教師のＪ・Ｃ・ベリー、ケリー、ペティが居住し、活発な伝道を開始した。

同時に同志社の神学生金森通倫は宣教師の指導を受けながら岡山で伝道を続けていたが十二年六月には同志社を卒業して牧師となって安息日学校や講義所で活動していた。十三年十月には岡山基督教会が設立され金森牧師が担当牧師となり岡山県下各地へ伝道に励んだ。

受け入れ地の高梁では地元の柴原宗助が主宰する政治結社「開口社」の招きによって、明治十二年十月、中川横太郎、ベリー、金森通倫、十三年二月には同志社の新島襄が中川横太郎と共に訪れキリスト教の説教や演説が行われた。

② キリスト教の受客に努めた教員達

ところでこれらのキリスト教の伝道を強力に推進したのは高梁の医師・薬剤師グループと小学校の教師グループで

あった。

わけても一大勇猛心をもって活躍したのは小学校付属裁縫所の教員である福西志計子と木村静であった。というのは二回のキリスト教の説教・講演の会場を提供したのは福西・木村の職場である付属裁縫所であったからだ。

キリシタンの禁止令が廃止されてからわずか六年しか経っていない時点で、高梁の町にはまだキリシタンへの恐怖感や嫌悪感が充満していたからキリスト教の説教に会場を提供する人はいなかったのである。そんな時、小学校の付属裁縫所の女教師が決断し、教員達が支援したのであるから、町の人々は驚嘆したことであろう。その教員達が山田方谷の弟子達であったのだ。

この時期の小学校の校長、吉田寛治は方谷の晩年の高弟と言われる人であった。この時以来、福西志計子を支援していたが、順正女学校の校名を考案したのも吉田寛治であった。

小学校の教員であった二宮邦次郎はまず開口社に参加して活動していたが、次に十三年二月新島襄のキリスト教講演を聞いたあと新島襄に会って伝道師になる計画を申し出、四月には教員を辞職して、同志社の神学速成科で学んで伝道師となり、高梁の安息日学校などで活躍し、福西志計子達と協力して十五年には高梁基督教会を創った。その教会は上代知新牧師に渡して自らは四国今治教会に移り、やがて四国松山教会を創設するなど大きな活躍をした人物である。方谷に直接教えを受けていないが、晩年の方谷に陽明学を学んだ荘田賎夫の塾で学んでいる。

この外小学校教員で後に高梁町長になった蓑谷鉱一郎はずっと福西志計子を助け順正女学校の校長を務めた。また清水質も福西志計子の後援者であった。この人達もまた山田方谷の影響を受けた人達であった。

このように見ると、高梁においてキリスト教の第一線に立った教員達はすべて方谷の影響下にあったと言える。

要約と結論

(一)　陽明学的教養に導かれて入信した人

「本多庸一」は藩校で朱子学を学んだが、その規範構造主義に満足出来ず、ひそかに陽明学殊に態沢蕃山の『集義和書』さらに王陽明の『伝習録』などを読み心ひかれた。それは個人の内なる「良知」につき動かされて真理を求める生きざまに魅了されたからである。「良知」はほとんど神に近いものであると思われた。そこでキリスト教への入信はそれほど困難ではなかった。

「海老名弾正」の場合にはまず横井小楠の実学を学び、次に蕃山の『集義和書』を熟読することによって陽明学を知ったが、さらに中江藤樹の上帝や大乙神を知るに及んで陽明学は一種の宗教であると考えるようになった。後に熊本洋学校においてジェーンズから聖書を教えられ神を説かれた時、海老名は苦悩することなくこれを受け入れることが出来た。陽明学はキリスト教えの導きの系であった。

(二)　武士道に継木されたキリスト教

「内村鑑三」「新渡戸稲造」「植村正久」というキリスト者となった明治の知性は、自らのキリスト教は日本の宗教的伝統に接木されたものであるとの認識では完全に一致している。

内村は「代表的日本人」として日連上人、上杉鷹山、中江藤樹、二宮尊徳、西郷隆盛をあげているが、その中で中江藤樹と西郷隆盛を陽明学者としている。そして陽明学はキリスト教に最も近いと評定している。

「新渡戸」によると自分のキリスト教は日本の文化伝統である「武士道」に接木されているとみている。日本の武士道は神道、仏教、儒教などの綜合された道徳規範のシステムである。ところが儒教のなかでも陽明学では心の本体をなす良知はキリスト教の良心と同格のもので、陽明学徒はキリスト教徒とほとんど同じと見なしている。

「植村正久」もまた明治のキリスト教が内在化された日本の伝統に接木されたものであると述べた上で、陽明学には志を立て聖人に向かって行動し実践するアスピレーションがあり、それはキリスト教と近似していると見なしている。

(三) 陽明学とキリスト教

① 日本で最初に陽明学を受け入れて信奉した中江藤樹は古代中国以来の天の観念を人格化して大乙神として祭った。これは正に宗教であったとみなされている。

② 儒教には古くから中心的な観念として「仁」があり、継承されていたが、陽明学では万物は同胞であると考える「万物一体の仁」が強調される。これはキリスト教の「愛」に対応している。

③ 陽明学の「良知」はキリスト教ことにプロテスタンの「良心」と対応している。植村正久は「良心に従った行為は国家権力といえども犯してはならぬ」と述べ、教育勅語奉読問題で内村鑑三を攻撃した井上哲次郎に反撃して内村を弁護した。

④ 陽明学の「知行合一」の行動主義と「万物一体の仁」が生み出す「平等主義」が結びつくことによって創られる「熱情的実践」はキリスト教の神が示したミッションに対する「献身」と対応している。

（四）　山田方谷とキリスト教

①　方谷は漢訳聖書を読み、その中に良知という言葉がたびたび出てくると述べており、キリストが十字架にかかって人類の罪をあがなったというキリスト教の贖罪愛の要理を理解していたという。

②　方谷は監獄制度の改良について、キリスト教の愛の精神にのっとって運営する必要があると述べており、キリストは十字架にかかって人類の罪をあがなったとの要理を正確に理解している。

③　方谷の門弟達によるキリスト教の受容についてみると、明治十二年十月と十三年二月の二回、初めて高梁でキリスト教の伝道がなされたが、この二回のキリスト教の説教や演説はどこで行われ、誰が支援して実行されたかということが問題である。

まず会場を提供したのは、牛麓舎で方谷や先輩の教えを受けた福西志計子で、当時高梁小学校付属裁縫所の教員であった。誰もが躊躇するなか、福西は敢然として自らの職場をキリスト教の伝道の集会場に提供したのである。次にこの集会を支持し、その後も福西らのキリスト教の活動を強力に支援したのは医師・薬剤師グループと小学校の教員グループであった。以下教員グループに限定して説明してみよう。

まず小学校長の吉田寛治がいる。吉田は方谷晩年の高弟と言われる方であるが、有終館で学んだあと江戸で修学し藩邸学問所の会頭を務めた。幕末に帰国して塾を開き、明治七年小学校教員となったが、一貫して福西の活動を支援した。十四年七月に福西が辞職して年末私立裁縫所を創立すると、吉田に学校名の考案を依頼した。吉田は古典から引いて「順正」を提案した。こうして「順正女学校」が生まれたのである。

二人目の教員は「二宮邦次郎」である。二宮は十三年二月、小学校の教員であったが、二宮は塾生の頃には晩年の方谷に陽明学を学び明治十二年に再興した有終館の館長を務めた荘田賤夫に学んでいる。したがって言わば方谷の孫弟子に当たる。二宮は明治十三年二月新島襄の講演を聞くと決心して教員を辞職して、同志社の神学速成科に入学して七月には伝道師になると高梁の安息日学校を拠点に伝道に努め、十五年には高梁基督教会を創立した。その間福西志計子は二宮を強力に支援した。

三人目の教員は「蓑内鉱一郎」である。蓑内は福西の活動を強力に支援してきたが、順正女学校の第五代校長を務めている。また高梁町長も務めた。蓑内もまた有終館で学び、吉田寛治にも学んでいるので、方谷の影響を強く受けている。

四人目の教員「清水質」も福西を強力に支援した。ことに福西が私立裁縫所を設立する際には蓑内鉱一郎と共に全力をあげて支援して福西の反キリスト教勢力との戦いを勝ち抜いた。清水質も父が松山藩士であったから間接ながら方谷の影響を受けている。

このようにみると、高梁にキリスト教を受け入れるのに大きな力を発揮したのは山田方谷の門下生か、方谷に強く影響を受けた人達であったことは明らかである。

注

（1）「本田庸一」井上順孝編『近代日本の宗教家一〇一人』新書館　平成十九年　一七六－一七七頁
（2）1「朱子学よりもより多く自然なる」——本多庸一　大橋健二著『良心と至誠の精神史——日本陽明学の近現代』勉誠出版　平成十一年　一二四－一二七頁
（3）「海老名弾正」井上順孝編『前掲書』三二－三三頁
（4）清水安三『中江藤樹』一八七頁
（5）渡瀬常吉著『海老名弾正先生』東京龍吟社　平成四年　九〇－九二頁
（6）同　四六〇頁
（7）内村鑑三『代表的日本人』岩波文庫　平成七年　一八一頁

(8) 同　十九頁
(9) 内村鑑三『前掲書』一八頁
(10) 井上順孝編『前掲書』一五六－一五七頁
(11) 新渡戸稲造『武士道』岩波文庫　昭和十三年　三六－三七頁
(12)「随想録補遺『新渡戸稲造全集第二十一巻』教文館　昭和六十一年　二一六頁
(13) 井上順孝編『前掲書』二六－二七頁
(14) 大橋健二著『前掲書』一六二－一六三頁
(15)『植村正久著作集2』新教出版社　昭和四十一年　三九七－三九八頁
(16) 同　三九九－四〇〇頁
(17) 同　四〇〇－四〇二頁
(18) 井上順孝編『前掲書』一八二－一八三頁
(19)「王陽明の詩と其の悟道」、木村秀吉編『陽明学研究』東亜学芸協会　昭和十三年
(20) 伊吹岩五郎『山田方谷』昭和五年、平成十七年復刻　二七四－二七五頁
(21) 高梁方谷会『高梁方谷会報』二十六号　平成十六年　三六一頁
(22) 伊吹岩五郎『前掲書』二七三－四頁
(23) 吉田清太郎「二宮邦次郎の略歴」(『松山東雲学園百年史資料編』) 三二頁

第四章

備中高梁の近代化と社会変動

幕末には幕府の財政破綻と権威の低下に加えて欧米諸国の開国要求によって開国派と攘夷派の大紛争をまき起し、やがてそのエネルギーは戊辰戦争の勃発となったが、備中松山（高梁）は藩主の板倉勝静が老中首座として将軍慶喜の側近に居たため戊辰戦争に巻き込まれた。将軍慶喜は江戸に帰ったあと恭順の意を示して蟄居したのに対して板倉勝静は老中と藩主を辞任して仙台に到り、奥羽越列藩同盟の参謀となって箱館に在ったため、朝敵とされた。そして備中松山へは追討軍を差し向けられ、一年八か月にわたって城下を占領された。高梁藩として復興したのは明治二年九月のことであった。石高は五万石から二万石に削減されたので領民の生活は極度の困窮に陥った。

ところで明治新政府は一転して文明開化の政策をとったため、高梁においても近代化が進行した。ことに顕著な変化がみられたのは政治、教育、医療、宗教の局面であった。本章の主題は近代化であるが、その前段として以下備中松山（高梁）文化的伝統の歴史的形成、明治新政府の開化政策、高梁特有の歴史的・社会的要因を順次みておこう。

一　備中松山（高梁）における文化的伝統の歴史的形成と発展

（一）　備中松山藩の成立

鎌倉時代、地頭の秋庭三郎重信は臥牛山《がぎゅうざん》に松山城を築き軍事拠点とした。その後、高橋氏・高氏・後期秋庭氏・上野氏・庄氏・三村氏が備中松山を支配した。

備中松山は戦国末期には毛利家と織田信長の合戦の場となり戦乱が続いたが、江戸時代に入って、松山を中心に備中松山藩がしだいに形成されていった。

慶長五年（一六〇〇）、小堀新助正次は徳川家康によって備中国奉行を命ぜられた。小堀家は政一（遠州）が元和二年（一六一六）に転出するまで山麓に御根小屋を整備して、そこで政務をとり、町割りをすすめるなど町の基本を形造った。

徳川期の備中松山藩では小堀氏・池田氏・水谷氏・安藤氏・石川氏が十年から三十年ぐらいで入れ替わったが、その中でも水谷氏の三代五十二年の間に松山城と町割りの整備、新田開発、交通の整備、産業・商業の振興などすぐれた業績がみられた。

しかしながら、以下で述べる教育機関の創設は次の板倉氏によって初めて実行された。

（二）　備中松山藩と板倉勝静

板倉氏の先祖は江戸初期の岡崎譜代の板倉勝重で、駿府町奉行・江戸町奉行、初代京都所司代を歴任、その子重宗も父に続いて二代目の京都所司代を務めた。

松山藩主としての板倉氏は勝澄《かつずみ》が伊勢亀山から備中松山に入封（一七四四）して、備中六十二か村五万石を領した時に始まったが、その二年後、松山の内山下に「学問所」を開設した。これが後に有終館に発展した。次いで藩主は二代勝武、三代勝従、四代勝政、五代勝晙《かつあき》、六代勝職と続きその養子が七代勝静である。

七代勝静は伊勢桑名の藩主松平定永の第八子で、寛政の改革で有名な老中松平定信の孫にあたる。勝静は天資に賢明であり、二十才で板倉家の養子となった。松山藩は小藩であるが、先祖には京都所司代を務めた人もいるので、自分の志を伸ばすことが出来ると考えて養子になったという。

弘化元年（一八四四）六月、勝静は養父に代わって国元に帰り、政治を行うこととなったが、勝静は暇があれば有終館の学頭で教育係の山田方谷を観水堂に召して周易を講じさせ、また『通鑑綱目』の講義を隔日ごとに聴講した。方谷の才能を知った勝静はこの時、後に方谷を元締役に任じ、藩政改革を実行させることを秘かに決意したものと思われる。

嘉永二年（一八四九）養父の勝職が隠退し、その後、間もなく没したので、勝静は五万石を継ぎ板倉周防守となった。そしてその年の十二月、方谷を江戸に召して「元締役兼吟味役」に任じ、藩政改革の実施を命じた。

(三) 藩校有終館と教育文化の伝統

江戸幕府は文教を奨励したから、諸藩でも藩立の学校を設け藩士の子弟の教育を行った。ことに元禄年間（一六八八―一七〇四）にいたって文教勃興の機運がみられ、その後、宝暦（一七五一―一七六四）頃から全国の諸藩において盛んに藩校が設立されるようになり、寛政の改革後はさらに藩校の設立が急速に増加した。

板倉勝澄は延享元年（一七四四）に備中松山に転封となった二年後松山の内山下に学門所を設立したが、これが後に藩校有終館に発展した。

野村治衛門（竹軒）は教育の飛躍的刷新を考え、四代藩主勝政に請うて学門所を整備し藩校有終館とした。芦田利兵衛が初代学頭となり、野村治衛門は助教となって伯父を助けた。

芦田は朱子学派で書物の中にうもれて勉強するタイプの人であったが、寛政十一年芦田の没後、野村治衛門が学頭を継いだ後は、むしろ陽明学に傾斜していた。竹軒は享和三年（一八〇三）さらに技擢されて年寄役となり、執政となって政治の衝に当たった。その後、有終館は火災に遭遇し逆境に陥ったが、その時期に学頭を務めたのが、奥田楽山である。この人は品性高潔で温雅であったので、一藩の徳望を担った人物であった。楽山はその高雅な品性と豊富な学識によって学頭となったが、藩主の領民風儀に関する訓諭の起案を命ぜられることが多かった。しかし彼の最も大きな業績は、天保三年の火災に遭い廃校の議が起こった有終館を新たに中之丁に再興したことである。

（四）山田方谷と有終館

山田方谷は西方村（高梁市中井町西方）の長百姓の家に生まれ、五歳の時、新見藩校教授丸川松隠のもとに入門したが優れた学才を発揮し、神童と呼ばれるようになった。しかし十四才で母を失い、翌年には父を亡くしたので、志半ばで学業をやめ家業を継ぐことになった。彼は厳しい家業に励むなかでも学問への情熱は失わず、寸暇を惜しんで読書に励んでいた。

そのような学問熱心な若者の噂が藩主勝職の耳に入り、二十一才の時、文政八年（一八二五）、二人扶持を与えられ藩校有終館で学ぶことを許された。方谷は天にも昇る思いで有終館で研学に励んだが、やがてそこでは物足りなさを覚えるようになったので、師の丸川松隠の紹介状をもらって京都の寺島白鹿のもとに二回遊学したあと、文政十二年二十五才の九月に帰国したところ、苗字帯刀を許され、八人扶持を与えられ、有終館会頭を命じられた。

さらに天保二年（一八三一）京都遊学、続いて天保五年（一八三四）江戸に遊学して佐藤一斎の門に入った。一斎のもとには天下の秀才が全国から集まっていたが、方谷は塾長を務めており、そこで同じ塾生に佐久間象山がいて二人は夜遅くまで熱い論戦を交わしたことは永く語り草となっている。天保七年（一八三六）長い遊学を終えて帰国した方谷は十月には有終館の学頭を命ぜられ、六十石取りになり、屋敷を御前丁《おんざき》に与えられた。ついで天保九年（一八三八）には家塾「牛麓舎」を開いた。そこには進昌一郎、三島中洲、大石隼雄、三浦泰一郎、神戸一郎、矢吹久次郎など俊秀が次々と入門した。

『高梁市史』によると、方谷の学統は「孟子から王陽明→佐藤一斎」に至る学統を主とし、「朱子から五井持軒・五井蘭洲・中井竹山を経て丸川松隠」にいたる系統を副えたものであるとされている。

藩主勝職には跡継ぎがなかったので、天保十三年、伊勢桑名藩主松平定永の第八子、勝静を養子に迎えた。勝静は二年後の弘化元年（一八四四）備中松山に入ったが、方谷は勝静の教育係を拝命した。また弘化三年（一八四六）には近習役となった。これによって勝静と方谷の信頼関係は深まっていった。

（五）教育施設の整備と幕末の学制改革

このように備中松山藩では、天保年間から藩校有終館を中心に教育文化が発展充実し、その伝統が安政年間に確立した。方谷が学頭に任じられたのは天保七年であるが、九年には家塾牛麓舎も開き進昌一郎はじめ俊秀を養成した。

次に嘉永五年（一八五二）には方谷の建白によって郷校成章村校が開設され、さらに玉島と城下の鍛治町に教諭所が設けられた。またこれとならんで野山西村在宅の藩士のための野山学問所も創設された。このように方谷の教育改革の努力が実って藩の教育文化は飛躍的に発展した。そこで私塾の経営者に至るまで、方谷の門下かその流れをくまない人は一人もいなかったと言われている。

こうして幕末、藩内には藩校三（江戸藩邸学問所・野山学問所を含む）、郷校三、私塾十二、寺小屋二十六となっており、延享元年からの累計をみると合計八十一の教育施設が整備されている。

ただ学問の内容についてみると、国内においても急激に西洋化がすすみ、ことに軍事、医学、語学などの分野では、幕府を先頭に各藩でも競って西洋化が進行したにもかかわらず、備中松山藩では西洋化がおくれた。

方谷は西洋文明のなかで唯一、軍事についてはは早くから強い関心を寄せ、弘化四年（一八四七）に津山藩士のところに出向いて大砲製造の技術を学び、後実際に大砲を鋳造している。また嘉永五年（一八五二）には洋式銃装備の農民隊を作り上げた。さらに文久二年（一八六二）には三五〇トンの軍艦「快風丸」を購入した。しかしそれ以外の医学や語学などには西洋化の努力はみられなかった。

近隣の諸藩の中でも備前岡山藩では洋学所が設けられており、津山藩では箕作阮甫が洋学を学び江戸で活躍していたし、足守藩、後月郡梁瀬、備前御津郡でもすでに種痘を実施していたが、松山藩では三十五人いた医師の中で蘭方医学を学んだものはわずかに一人にすぎなかった。

このような遅れに気づき危機感を感じた松山藩は、ようやく文久元年（一八六一）になって有終館の学制改革が実施された。それは孔孟の道義に基づいて西洋の学術を兼採するというものであった。つづいて慶応元年（一八六五）には洋学総裁を設け有終館の学頭で奉行格の三島中洲が兼務した。そして実際に洋制を斟酌して文武の諸制度を改革している。これも方谷が洋学を積極的に採用すべきだという意見に動かされたものであったが、それもあまりにも遅すぎた。

二　明治新政府による近代化政策の展開

高梁町の近代化の過程を考察する前にまず国家の近代化政策を簡単にみておこう。

(一)　近代化政策の展開

討幕派の中核をなす薩長は欧米との戦争を経験することによって攘夷の実行不可能であることを悟り、開国通商を国是とする方針を決めた。そこで新しい政治体制を整えると、文明開化の方針を鮮明にし、近代化を推し進めた。

①　五ケ条の御誓文

明治元年三月、五ケ条の御誓文を発して政治の根本方針を明らかにした。これは由利公正と福岡孝弟の草案を木戸孝允が修正したもので天皇が天神地祇に誓うという形式で公布された。内容は①公議世論の尊重、②財政経済の振興、③因習の打破、④開国進取であった。

その後の主な開明政策を項目ごとにあげると次のようになる。

②　その後の開明政策

廃藩置県後、明治政府はあいついで開明的な政策を行った。

・すなわちすでに実行されていた株仲間や関所・津留の廃止に続いて、田畑勝手作の禁や田畑永代売買の禁など、経済の発達を妨げていた封建的諸制限が撤廃された。

・封建的身分制度の改廃は版籍奉還の直後から行われ、華族・士族・卒族と平民となっていたが、足軽・中間などの卒が廃されて、士族か平民に編入され、穢多・非人の称が廃されて平民にいれられた。ここに身分は華族・士族・平民のみとなった。
・旅行・移転・居住・職業選択の自由が許された。
・平民が苗字をもち、身分間で結婚することが許された。
・斬髪・廃刀も許され、廃刀令・秩禄処分とあいまって士族の特権も廃絶の方向となり四民平等の世となった。
・欧米の文物の輸入も盛んとなった。
・電信と鉄道の開通
・多くの官営模範工場がつくられた。
・文明開化が流行語となり、洋服・洋食・洋風建築・馬車・人力車・ランプ・ガス灯が普及しはじめる。
・太陽暦が採用され明治五年十二月三日を明治六年一月一日とした。

(二) 主な殖産興業——工部省

明治三年工部省が設立された。工部省は官営事業を管掌するもので、殖産興業の中心機関であった。官営事業には、旧幕営・藩営の鉱山・製鉄所・造船所などを官収したもの、鉄道・通信などの運輸通信部門、官営模範工場といわれるものがあった。

明治七年頃までは鉄道・電信などの運輸通信部門に力が注がれ、そのころから明治十四年頃まで三池炭坑・佐渡金山などの鉱山経営が積極化した。また富岡製糸場（一八七二）・深川セメント製造所（一八七四）・品川ガラス製造所（一八七六）・千住製絨所（一八七九）などヨーロッパの機械・技術を導入した官営模範工場があいついで設立された。これらの官営工場はいずれも赤字経営であったが、近代産業の移植を奨励することで大きな意味をもった。

殖産興業策を主導したのは大蔵卿の大隈重信であった。多額の費用をまかなうため、公債が発行され、インフレ政策がとられた。

(三)　近代的制度――学制頒布と徴兵制

①　学制の頒布と小学校の建設

学制は明治五年に頒布された。国民皆学をねらいとして、身分・貧富・男女の別なく、すべての子供に教育を受けさせようとするもので、功利主義思想をとりいれて、教育による四民平等の機会均等の実現をはかった。

学制はフランスの中央集権的な教育制度とアメリカの功利主義的な教科内容をとりいれた。全国を八大学区、一大学区を三二、中学区、一中学区を二一〇小学区に分け、全国に五三七六〇に及ぶ小学校をつくる予定であった。

学制には福沢諭吉の『学問のススメ』の影響がみられるという。

また高等教育では、昌平学校・開成学校・医学校をまとめて東京大学が出来た。

②　徴兵制

徴兵制は山県有朋が中心となって明治六年に実施された。これは二十才に達した男子は士族や平民の別なく兵籍に入れられるもので、ここに国民皆兵の原則が立てられ、近代的軍制の基礎が確立した。

徴兵制は長州藩の出身者によって推進された。はじめ大村益次郎があたったが、明治二年暗殺されたため、山県有朋にかわった。政府の軍隊としては御親兵（後の近衛兵）と、廃藩置県のあと一部の藩士を徴した鎮台とがあったが、一八七二年十一月徴兵の詔と徴兵告諭が出され、翌一八七三年一月徴兵令が頒布され、六鎮台が置かれることになった。徴兵施行に対する平民の不満と恐怖は大きく、各地で血税騒動といわれる徴兵反対一揆が起こった。国民皆兵とはいえ、徴兵令には免除規定も多かった。

した。

（四）士族問題と自由民権

廃藩置県や秩禄処分の進行と征韓派の敗北は士族の不平を高めるものであった。明治六年に下野した旧征韓派参議が、翌年民撰議院設立建白書を提出すると、不平士族は自由民権を主張し、政府への非難・攻撃をいっそうはげしくした。

明治四年の廃藩置県後、明治政府は開明的な政策をとったが、専制的性格もしだいに強まり、とくに明治六年に征韓論破裂後は専制的傾向を強化した。それに対して、イギリス・フランスの民主主義・自由主義思想の影響を受け、天賦人権論の立場から、政治・経済上の自由や憲法制定・国会開設を要求し、人民の権利の擁護・伸張をめざす運動が起こった。これが自由民権運動である。

明治七年一月征韓論で下野した前参議の板垣退助・後藤象二郎・江藤新平・副島種臣らは愛国公党という最初の政治結社をつくり、民撰議院設立建白書を左院に提出し、国会開設を要求した。政府はこれを拒否したが、この建白は新聞にも公表され、世論を刺激し、新聞・雑誌で活発な論争が展開されるとともに民撰議院設立を要望する声を喚起した。愛国公党は佐賀の乱で解消したが、郷里の土佐に帰った板垣は、三月、片岡健吉・植木技盛・林有造らと高知に立志社をおこし、翌明治八年二月大阪に愛国社を設立した。愛国社は全国各地の政治結社を結合させ、自由民権運動を全国的に組織しようとするものであった。こうして自由民権運動は全国的に盛り上る兆しをみせてきた。

民権運動の昂揚で孤立化の様相をみせた明治政府は、妥協することにし、明治八年一月大久保利通が木戸孝允・板垣退助と大阪に会合した。これが大阪会議である。その結果、木戸・板垣は参議に復帰し、四月に漸次立憲政体移行の詔が出され、元老院・大審院が設置され、六月には地方官会議が開催された。一方で、民権運動に対する弾圧はきびしさを加え、六月ざんぼう律・新聞紙条例を公布し、つづいて九月に、出版条例を改正して、政論を取り締った。

（五）キリスト教の解禁と伝道

幕末、キリスト教の伝道が開始されると、長崎浦上地方に潜伏していたキリシタンが信仰を告白した。幕府はこれを弾圧し、全員を捕え西日本の諸藩に分置した。これに対して諸外国がきびしい抗議を行い、政府も明治六年（一八七三）キリスト教禁制の高札を撤去した。この時期にはキリスト教の伝道はカトリックだけでなく、多数の宗派のプロテスタントが来日し伝道を開始した。

プロテスタントに限って、日本人の伝道を実行している教団を宗派別に整理すると「日本聖公会」「日本基督教会」「日本組合教会」「日本バプテスト同盟・日本バプテスト連盟」「日本メソジスト教会」「日本福音教会・日本美普教会」の八派があげられる。

明治初期に日本のキリスト教会だけでなく日本の思想界に大きな影響を与えたのは三つのバンドであったことは第三章で述べたので詳述する必要はないが、名称だけをあげると、

①　横浜バンド――植村正久、本多庸一など
②　熊本バンド――海老名弾正、小崎弘道など
③　札幌バンド――内村鑑三、新渡戸稲造など

である。

三　備中高梁の歴史的、社会的特質

明治初期に進行した高梁の近代化の様相をさぐる前にここでその舞台となった備中高梁という町の歴史的、社会的、経済的特質について検証しておこう。

明治新政府の文明開化、西欧文明の大胆な受容政策によって、近代化が進行したが、それは二つの文明の衝突を引き起こした。二つの文明・文化が接触した当時の高梁には留意すべき七つの特徴的な社会的文化的な特質が存在した。

（一）教育文化の伝統

その一つは先にのべた備中松山の教育文化の伝統である。それには長い歴史があるが、ことに延享元年（一七四四）に板倉勝澄が伊勢亀山から備中松山（高梁）に着任し、その二年後に「学問所」が設けられ、やがてそれが藩校「有終館」に発展し松山の文化センターの役割を果たした。ことに山田方谷が学頭に就任した天保七年（一八三六）頃からますます整備されて充実した。この教育文化の伝統が、高梁の近代化のある意味では規定要因となり別の見方では近代化の対象ともなる。

この伝統文化をどのように改変するかについての慶応三年の改革においてはその基本的方針は、「技術文明（西洋医学などを含む）は大いに取り入れるが、精神的なものは東洋的・日本的なものを守る」というものであった。これは後の和魂洋才の思考とほとんど同じものである。

（二）敗者の悲運

第二の特質的要因は備中松山藩が戊辰戦争の敗者とされたことによって朝敵となり、追討を受けたことである。

勝静は江戸に帰ると老中を辞し、藩主を勝全に譲ったが、その後、日光、会津、仙台、箱館へと戦乱の地を流転し、蝦夷の山野に朽ち果てんものと覚悟を定めていた。ところが国元の方谷は外国商船を雇い、勝静をいつわって箱館から救出し江戸へ連れ帰った。自首をすすめたが勝静はかたくなに拒否しつづけた。しかしついに時代は変わったことを悟り、自首し、禁固刑に服した。

他方、国元の松山藩は朝敵となり備前岡山藩等による征討を受けた。幸い方谷や家老達の説得によって藩論を恭順に統一し、三島中洲らの努力によって戦火は避けられたものの、一年八か月にわたって城下を占拠され、藩士は城下を離れてひたすら謹慎した。そのため全住民は癒し難い屈辱感を味わうとともに生活はきわめて困窮した。

勝全の行方がわからないため取り潰しの危機に陥った松山藩は、血縁の者を継子に立てて新政府に復興を願い出るとともに、全領民の活発な復興請願運動によって、明治二年九月、五万石から二万石に削封され、高梁藩として復興した。その後明治四年には廃藩置県によって家禄を失って困窮した旧藩士達の多くは職を得ることも出来ず、秩禄公債もほどなく使い果たしたため住みなれた高梁を離れて、京阪神地方や旧藩主勝静のいる東京へ移住する人も多かった。

このような戊辰戦争による住民の生活困窮と屈辱感や怨念が、明治十年代の自由民権運動のひろがりとキリスト教の伝道の成果に深くかかわっている。

(三) キリスト教の伝道と新島襄との縁

第三は明治初年以降の文明開化政策に従って、高梁にも西洋文明の精神的体系の中核をなすキリスト教が岡山市と京都から伝道されて来たが、それに対する対応の仕方の特異性である。

この組合教会系の伝道本部アメリカン・ミッション・ボードは神戸にあったが、西日本の伝道の拠点としてステーションが岡山に設けられた。ところがその教団に属する日本人牧師の責任者は明治七年にアメリカから帰国した新島襄であった。新島の父は上州安中板倉藩の江戸詰めの藩士であった。襄は江戸で育って築地の軍艦操練所に入ったが眼病を患ったため途中退学していた時、親戚藩の備中松山藩の軍艦「快風丸」の処女航海に頼まれて乗船して江戸から玉島港に到着し、その時松山城に登った経験があったとのことである。さらに後日、備中松山藩の好意で快風丸で箱館に渡り、松山藩士の援助を受けて日本脱出に成功したものであった。そこで新島はそのお礼に明治十三年二月キリスト教という福音を持参したものである。そのようなわけで新島にとって高梁は知人もあり一部の人に温く迎えられるという事情があった。

(四) 山田方谷の陽明学

第四にキリスト教の伝道に役立った価値体系として儒教の中の陽明学があげられる。備中松山藩では山田方谷が天保七年に有終館の学頭となり、その二年後に家塾牛麓舎が開設されると方谷の学問の影響力は圧倒的な力を持つようになった。方谷は江戸で佐藤一斎に学んだ陽明学者として全国に知られていた。

ところで三章で論じたように陽明学はキリスト教に親近性をもっている。まず第一に儒教には「天」の観念があるが、時にこれを人格化して「上帝」とした。ことに日本最初の陽明学者とされる中江藤樹の場合には「大乙神」として祭った。このように陽明学者にとってはキリスト教の「神」を受け入れるのにあまり支障はなかったものと推測される。

次に陽明学においては、人間には生まれつき「良知」が備わっているが、キリスト教ことにプロテスタントでは「良心」を重視している。ところが両者はほとんど同一のものであると考えられる。

こうして明治初期、かなりの日本人がキリスト教を受け入れて信徒になったが、ことに陽明学の教養がその導きの糸になったと言われている、隅谷三喜男は明治初期岡山県においてキリスト教の受容に好ましい影響を与えたのは、山田方谷の陽明学的教養であったと指摘している。

（五）伝道を支援したグループ

第五に、キリスト教の受け入れが成功するには、地元に伝道を歓迎する人々が居るのが望ましい。高梁の場合には医師兼宣教師であったベリーによる医療伝道が先行し、これに対して赤木蘇平医師など多くの医師と薬剤師が洗礼を受け、医療伝道を強力に支援した。

キリスト教の伝道を強力に支援したもう一つのグループは小学校の教員達であった、明治十二年十月（十一月との説もある）最初の「風俗改良講演会」という名のキリスト教の説教と十三年二月の「キリスト教講演会」の会場を提供したのは小学校付属裁縫所の教員、福西志計子と木村静であり、これを支援したのは高梁小学校長吉田寛治と同教員の二宮邦次郎、蓑内鉱一郎、清水質らであった。これら山田方谷の教えや影響を受けた先生達の先駆者的な勇気ある行動がキリスト教の伝道を助けたのである。

（六）女性信徒の実践

第六に、キリスト教の伝道にあたって、宣教師はまず女性の地位向上、矯風（遊郭廃止）運動、そして女子教育の重要性を強調したがこれに対応する地元のウーマンパワーの存在である。

幸い高梁にも福西志計子のように女子の自立を望み、矯風運動に共鳴し、女子教育を推進すべきだと考える啓蒙思想の持ち主が小学校付属裁縫所の教員の中に居たのである。

（七）反キリスト教勢力

第七に、高梁にはキリスト教の受容に抵抗するカウンター・パワーも存在した。そもそも江戸時代はキリスト教（キリシタン）は厳しく禁止されていたが、やっと明治六年に禁止の大政官高札が取り除かれたばかりであった。したがってキリスト教に対する反感はまだ根強く残っていた。

高梁にはもともと強い反キリスト教的雰囲気が存在していた。まず高梁には各宗派の寺院が多く、仏教の盛んな土地柄であった。その仏教徒は概して反キリスト教の勢力に属している。さらに藩主板倉家の先祖には島原・天草の乱の際幕府が指し向けた追討軍の総大将となった人（板倉重昌）がいる。彼は指揮官として勇敢に戦ったが、配下の大名の軍勢の統率がうまくいかなかったため、あせって小数の手勢で突撃したため、キリシタン軍勢の激しい反撃に遭遇し壮烈な戦死を遂げたのである。このこともあって、高梁にはキリシタン嫌いの雰囲気が強かったという。

これらのことがキリスト教会に対するすさまじい迫害が発生した事実の下地になっていると推察される。

さてこれら七つの要因に影響を受けながら展開した高梁の近代化の過程を見ていこう。

四　備中高梁における近代化の諸相

明治初期における高梁の近代化を考察するため高梁という社会システムを政治、医療、教育、宗教の四つの局面に分け、それぞれの局面ごとに考察してみよう。

(一)　政治──自由民権運動

政治の局面の展開を①主体・原動力、②推進役、③地元の案内役という三つのステップに分けて考察する。

①　主体・原動力──全国の民権運動家

明治新政府は開明的な政策をとったが、本来的に専制的な性格も内包しており、明治六年（一八七三）の征韓論の対立が決裂した後、論争に敗れた人達が反対運動の具体策としてなされた自由民権運動が高まってきた。反政府運動のイデオロギーとしてはイギリスのスペンサー、フランスのルソーなど自由主義、民主主義思想の影響を受けて天賦人権説の立場から、人民の権利の擁護と拡大を目指し、憲法の制定、国会開設を要求する運動が全国的に起こされた。これが自由民権運動である。

明治七年板垣退助らは「愛国公党」をつくったが、佐賀の乱によってこの党は解消した。そこで板垣は高知で「立志社」をつくり、明治八年二月には大阪に「愛国社」を設立した。これは全国各地の政治結社を糾合して、自由民権運動を全国的に組織しようとする意図であった。この時期は「士族民権運動」といわれる。

明治十年に西南戦争が終わり、武力に代わり言論による政治運動が痛感されるようになった。十一年に入ると愛国社再興の機運が高まり、第三回全国大会で国会開設要請運動を開始することに決めた。十三年三月の第四回大会で名称を「国会期成同盟」と改称した。この期の運動は「豪農民権運動」と呼ばれている。[1]

② 推進役――岡山県の自由民権運動家

岡山地方では藩校・郷学のネットワークが作られ、岡山から中国地方に広がっていったが、これが自由民権運動の基礎を準備したといわれている。[2] また明治七年ごろから岡山各地には結社が作られていた。柴原宗助を中心とする高梁の「開口社」、福山の窪田次郎、坂田大平（警軒）の「蛙鳴群」（明治七年）、美作の豪農會を中心とした「友之社」、岡山の小林樟雄らによる「実行社」などがあげられる。これらは本来学習結社であった。[3]

岡山県の中川横太郎は自由民権運動のさきがけであり、板垣退助とも親しかったが、明治十一年九月、大阪における愛国社再興大会に岡山県の代表として出席している。しかしそれ以降、岡山の自由民権運動は愛国社路線から離れて独自の道をたどることになる。内藤正中によると「非愛国社――県議路線」となったのである。[4] この路線は県会から国会へという運動を展開して、「県議連合なり県議主導による請願の大衆運動」へとその性格を変えていった。

明治十二年には地方三新法が制定されたことによって県会議員が選出され県会が構成された。岡山県の初代議長には坂田警軒（第二代興讓館長）が選ばれ、高梁の柴原宗助、津山の立石岐、窪屋郡の林醇平なども議員に選ばれた。ところが県会の自由民権運動派は県令と鋭く対立した。なぜなら当時の県会は審議や建議する権限しかもたず、決定権は県令、ひいては中央政府に独占されていたからである。この不満が県議主導の国会開設請願運動に向かわせたのである。

こうして「非愛国社――県議路線」へ転換した岡山県の自由民権運動派は、国会開設運動を推進するため「両備作三国親睦会」を結成する。ところが明治十二年六月三十日、千葉県の桜井静から「国会開設懇請協議案」が送られてきた。これは国会開設のため、全国の県会議員の団結と行動を求めるものであった。そこで高梁の柴原宗助は、いち早くこれに賛同してその案を県議に示した。これに刺激された「両備作三国親睦会」は、明治十三年、全国で二番目に国会開設請願書を元老院に提出している。しかしそのあと県議たちは、県令の圧力によって国会開設運動からしだいに離れていく。

ここで留意しておきたいことは、「両備作三国親睦会」の運動が県議だけでなく、士族民権派や在村の豪農商層を巻き込んだ運動であったという点である。それは郡ごとの委員に県議が就任し県民全体を組織した草の根の運動体であった。これには三十一郡二万五千余名が結集した。[5]

③　地元受け入れ役——開口社と柴原宗助

次に受け入れ地備中高梁についてみると、開口社と柴原宗助の活躍が注目される。先に述べた板垣らの民権運動が岡山、備中へと影響を及ぼしたが、これに応じて各地にできた結社の一つが高梁の「開口社」であり、柴原宗助はその代表であった。

柴原宗助は書籍販売を経営していたので地域や全国のネットワークを持っていた。高梁の開口社が結成されたのは明治十年七月であると推定されるが、本来はこの結社の性格も自由民権的というよりも啓蒙的な性格をもち、比較的自由な結社であった。[6]明治七年、坂田警軒・窪田次郎らによって作られた「小田県蛙鳴群」という学習結社と類似したものであったと推定される。[7]

明治十二年二月、柴原宗助は備中上房郡選出の議員に選ばれた。県会の自由民権派は県令と鋭く対立し、その不満から県議主導の国会開設請願運動に向かったことはすでに述べたがこの運動の先頭に立ったのが議長の坂田警軒と柴原宗助であった。明治十二年六月三十日、千葉県の桜井静から届いた「国会開設懇請協議案」にいち早く賛成し、明治十三年、全国で二番目に「国会開設請願書」を提出した原動力の一人が柴原宗助であった。

しかしこの頃から「開口社」は、高梁への医療技術の導入とキリスト教の受容のための活動へと変質していく。

(二) 医療――西洋医学の導入

ここで西洋医学の導入の「主体・原動力」となったのはまず岡山県である。岡山県令は先頭に立って西洋医学を岡山県下に導入しようと試みた。次に「推進役」となったのは、県衛生行政の責任者であった中川横太郎と医療宣教師ベリーであった。そして地元の「受け入れ役」は柴原宗助と赤木蘇平であった。

① 主体・原動力[8]――岡山県・県令

県医療行政の責任者であった中川横太郎は明治八年、神戸にあったアメリカン・ミッション・ボードのW・テイラーと知り合い、同年四月、彼を岡山に招待した。このとき、県令をはじめ書記官および上流階級の人達はこぞって歓迎した。県令はテイラーに岡山の医療行政について相談し、県立病院の顧問となり県下の医療について指導してくれるように要請した。テイラーはこれを快諾し、八月から岡山に住んで指導に当たったが残念ながら十月には同志社で働くため、この職を辞して京都に帰った。

② 推進役――中川横太郎、J・C・ベリー[9]

その後、明治初年(二年から十一年)から神戸居留地に本部を置いて宣教活動をすすめていたアメリカン・ボードは九州、四国地方にミッション・ステーションを設ける計画を立てていたが、神戸にいたアッキンソンとベリーは岡山県の職員中川横太郎の熱意に動かされて、ステーションを岡山市に置くことを決め、明治十二年一月、ペティ、ケリー、ベリー、ウイルソンの四名を岡山ステーションに派遣することにした。

県の依頼を変けたベリーは県医療衛生行政の顧問兼岡山病院顧問、さらに医学校でも教育に当たった。このようにしてベリーは明治十二年四月から十七年三月末までの六年間、岡山県において医療活動と医療教育、衛生指導に専念したが、とくに県近郊郡部における医療活動を活発に指導した。

郡部のなかで主な地域は倉敷、総社、川辺、西大寺、下津井、天城そして高梁である。そのなかでも郡部医療伝道で最も成功したのが高梁であり、さらにそこの医療の近代化の歴史もベリーの定期診療訪問によって始まったのである。

明治十年七月に「開口社」を結成した柴原宗助は、十二年七月には上房郡選出の県議に選ばれた。柴原は県会で活動するうちに県のキーパーソン中川横太郎と親しくなる。中川横太郎は県の医療行政の責任者であり、明治九年以降、各郡に医師の研修組織の結成を奨励していたが、同時に岡山県の自由民権運動家の中核でもあり、さらにキリスト教の深い理解者で熱心な支援者でもあった。高梁に西洋医学とキリスト教を受容するのに決定的な役割を果たしたのは岡山県職員の中川横太郎とベリーと金森通倫であった。

さて「岡山県当局」は西洋近代医学の積極的な普及、指導とともに西洋近代文明の普及を目指していた。また「高梁側」も西洋文明を導入し、ことに医療も近代化したいと願っていた

さらに「ミッション・ステーション」の側でも、県当局の医療近代化路線とミッション・ボードの伝道路線を一体として推進しようと企図していた。

そのような社会的雰囲気のなか、明治十二年十月四日、中川横太郎とベリーおよび金森通倫の三人は開口社の招きに応えて高梁を訪問し、風俗改良演説会に参加した。これがキリスト教との接触のはじまりであり、西洋医療の出発点であった。このあとベリーは高梁に仮診療所を設け、毎月第二水曜から三日間診療を続けた。すなわちキリスト教と西洋医療はセットで入ってきたのである。

③　地元案内役——赤木蘇平・柴原宗助[10]

赤木蘇平は天保十二年高梁に生まれた。少年時代に倉教の医師妹尾祐玄について医学を学んだ。その後、大阪に出て緒方拙斎の適塾において医学の研鑽を積む。明治元年、二十八才のとき備中松山（高梁）に帰藩し、中間町に医院を開業した。

医療活動の傍ら、明治十年ころに学習啓蒙的な「開口社」に参加している。蘇平も高梁における西洋文明の理解者で、地元の案内役として重要な役割を果たした。

明治十二年に岡山県全域にコレラが大流行したが、赤木は同年二月ごろから、医療技術の向上のため郡内の医師を集めて「医術研究会」を毎月一回開いており、コレラ対策の指導にあたっている。同年秋にはコレラもようやく消滅した。

蘇平は適塾において医学を学んだだけでなく、西洋文明に深い理解をもっていたため、自由民権運動にもかかわり、さらにキリスト教徒となって高梁基督教会の設立発展に大きく貢献した。基督教会に対する迫害の時期に蘇平の薫陶を受けたのが留岡幸助である。

次に柴原宗助は若いころ、大阪で薬屋に勤めたことがあり医療に関心が深かった。柴原は資産家であったから、ベリーの仮診療所の開設・維持や私立病院の経営を支援している。

赤木と柴原の大いなる努力によって高梁の医療の近代化は大きく進展した。

(三) 教育——学制の大改革と小学校

① 中央の原動力——政府、大政官・文部省

明治維新以降、政府は新しい国づくりとして富国強兵を国家目標としたが、その基盤づくりとして断行されたのが、明治五年の学制頒布による学制改革であることは先に述べた。それはわずか数年前まで社会構成の根幹とされた「士農工商」の身分制度を否定し、男女平等と義務教育の実施を目指す革命的なものであった。この制度を実施することによってはじめて日本の近代化・産業化を可能とすることが出来たのである。

②　推進役――小田県、岡山県、備中高梁

学制に基づいて小田県は六年一月に「小学校規条」を布達した。その第一項には、「生徒は順序正しく礼を重んじ、言行一致し信義をもって切磋勉励すること」とある。

小学校は八年間で、六才から始まり九才までを下等、十才から十三才までを上等と呼び、各々八級に分かれ、試験に合格したものを進級させた。

学制頒布によって、高梁小学校は第五大学区、第十一番中学区の七十番小学校となったが翌年、第四大学区、第十一番中学区の第百四十番小学校に位置づけられた。

政府が定めたこの学制は、その規模は余りにも膨大で画一的であり、しかも経費は主として町村費や地方税から支出しなければならず、町村の負担はきわめて重かった。

まず学校の施設は、高梁町の場合には、最初、旧有終館をそのまま利用することが出来た。経費は政府から小学校普及扶助のため、就学者一人について九厘を府県に交付されたが、不足分は有志の寄付金に頼った。

高梁市で教育長を務めた山本進は明治六年の小田県（のち岡山県に編入）新聞を引用し、「側聞するところによると高梁有志の面々広く県旨奉戴し、衆に先立って三千円を積み立て、その他書籍を寄付して小学校建設の基礎を創めた（「高梁方谷会報」（二〇七頁）」と書いている、そのうち千円は旧藩主板倉勝弼が寄付したが、そのことを勘案してもなお高梁町民の教育への関心が高かったことがうかがわれる。

方谷以来の高梁の教育文化は高いレベルに達していたのである。

③　地元の推進役――荘田賤夫・吉田寛治・福西志計子

先に述べたように備中松山（高梁）の教育制度の変革進展には、藩校有終館・塾の閉校と再興、小学校の開設、上房中学の開廃、女紅場（裁縫所）の創設がみられる。これらの学校の開設の推進役は有終館は荘田賤夫、小学校と上房中学は吉田寛治、女紅場と私立裁縫所は福西志計子であり、いずれも山田方谷の愛弟子であった。

　有終館は廃藩置県とともに閉鎖されていたのが有志の努力で十二年九月に再興された。館長に迎えられたのは荘田賤夫であった。荘田は晩年の方谷に再び師事し朱子学から陽明学に転向した人物である。日常の態度は謹厳そのもので、資性は温容にして豪放であった。その講義振りは沈着口調で諄々として尽きる所なく、その説く所は聞く人の肺腑をえぐり、強烈な影響を与えた。

　荘田の門下からは多くの英才たちが育った。たとえば井上公二、国分三亥、桜井熊太郎、熊田鋹太郎、荘田要次郎、小島鎰三郎、山田準、奥忠彦等がいるが、その多くは上京して三島中洲の二松学舎に学んで法曹界で活躍したり、軍人となった人が多い。

　このようにして荘田は「有終館」において、山田方谷の理念を継承発展させた人物である。

　次に「高梁小学校」においては山田方谷のもう一人の晩年の高弟吉田寛治が推進役を果たした。吉田は有終館で学んだあと江戸の昌平黌へ遊学したが、明治維新後に帰郷し家塾を開いたが、学制頒布後は小学校で教え、主席教員として校長の職務を果たしていた。

　明治十二年十月と十三年二月に開催されたキリスト教の演説会は福西志計子が教員をつとめていた小学校付属裁縫所で開催されたが、その時の校長が吉田寛治であった。吉田は福西を内部から支えた。吉田は小学校教員と併行して、明治十四年十二月、上房中学が開設されるとその教員をも兼務した。しかし上房中学は二年後の十七年三月に廃校となっている。

　このように小学校教員の中核となって生徒を育てたのは吉田寛治であった。

　明治十年代における、高梁の教育制度の変革と展開において異彩を放ったのは、女子教育の革命的な進展である。これを強力に推進したのは福西志計子であった。福西志計子は備中松山の士族の娘であるが、幸い隣家であった山田方谷の牛麓舎に入門を許され教養を積んでいたが、明治八年、岡山裁縫伝習所に入って翌年、高梁小学校の女紅場の教員となった。

もともと女性の自立を考えていた福西は、明治十二年と十三年にキリスト教の伝道がなされた時、女紅場（裁縫所）をその会場に提供した上、ことに新島襄の演説に感動して信者となり、風俗改良懇談会のメンバーとなり婦人会をつくって活動を始めたところが、十四年になると町議会からその活動を非難されたのを機に裁縫所教員を辞職してその年の十二月、木村静と二人で「私立裁縫所」を設立するという豪胆な離れ業を断行した。さらに十五年には高梁基督教会が設立されたが、十六年・十七年には教会に対する迫害が勃発した。福西はそのただ中（十八年一月）にあって、西日本初（ミッション・スクールを除く）の「順正女学校」を創り、名門校と呼ばれる学校に育て上げた。県立高梁中学が開設されたのは十年後のことであった。

以上、高梁の教育制度の発展にとって、方谷の教えを受けた荘田賤夫、吉田寛治、福西志計子の果たした役割は大きい。

（四）宗教――キリスト教の伝道

次にキリスト教が高梁に伝道されたプロセスについて述べてみよう。

①　主体・原動力――岡山ステーション・岡山基督教会[11]

アメリカのキリスト教宣教団の一つである「アメリカン・ボード」は国家権力のお膝元である東京を避けて関西以西への伝道を狙い神戸に本部を置き活発な宣教活動に入った。

岡山に最初に訪れたのは医療宣教師のテイラーであった。それは明治八年四月のことで、岡山県の衛生行政の担当者中川横太郎の斡旋によるもので、一週間滞在し中川氏宅で最初の説教をして医療にあたった。ついで九年十二月にはテイラーが金森通倫を伴い漢学塾で伝道集会をもったが、さらに明治十年、アッキンソンは横山円造、小崎弘道を伴って伝道に従事している。[12] また十年七月、中川横太郎の招きで金森通倫が来岡して夏期伝道に従事している。

関西方面の伝道を活発化するため、明治十一年一月、京都、神戸、兵庫の三田にある九つの教会の代表が協議して「日本伝道会社」を作り、アメリカン・ボードと協同して伝道を始めるようになった。

この頃、アメリカン・ボードは宣教師の数も増加したので、九州・中国・四国方面に「ミッション・ステーション」を設立しようと計画していた。第一候補地は福岡であったが、岡山県庁の教育・衛生の責任者であった中川横太郎の熱意に動かされて岡山に設立することとなった。[13]

こうしてアメリカン・ボードは宣教師ベリー、ペティ、ケリーとウィルソン女史を岡山ステーションに派遣することを決め、岡山県と五年間の契約を結び十一年四月に着任した。そしてベリーは早速医療活動を開始し、ペティ、ケリー、ウィルソンはそれぞれ教育活動に従事した。そして十二年には東山公園の階楽園に西洋館三棟を建築して居住した。

明治十二年四月二十日の日曜日、最初の日曜礼拝が西田町の岡山県令高崎五六の邸宅で行われ、八十名が出席した。その後西田町の安息日学校（岡山初の日曜学校）は三百人の子供が出席したという。[14]

② 推進役 ―― 金森通倫と新島襄[15]

岡山のミッション・ステーションは、岡山県下の各地に宣教活動を行っていたが、明治十二年六月、同志社を卒業した金森通倫は岡山担当となり、ミッション・ステーションと協力しながら岡山県下の伝道に努めた。そして十三年には岡山基督教会の開設にこぎつけ、金森が牧師となった。

彼は明治九年、熊本洋学校を経て同志社へ先頭を切って入学した熊本バンドのリーダーの一人であった。先に述べたように、彼は同志社に編入学して以来、たびたび岡山に伝道に来ていたが念願かなって岡山教会の牧師に就任したのである。

就任以来県下各地へ布教活動に従事していたが、十二年十月四日から三日間、高梁において布教する機会を得た。これを可能にしたのは高梁の柴原宗助らが学習・啓蒙活動を目的として高梁において結成していた「開口社」の招きであった。この招きに応じて、岡山から中川横太郎、ベリー、金森通倫らが、高梁を訪れ、高梁小学校付属裁縫所において最初のキリスト教の説教を行ったものである。そこで述べられた内容は「風俗改良の主旨にそってキリスト教の真髄を説く」ものであったといわれている。そして最終日六日の午後四時から招待者である「開口社」の演説会が開かれ、大本、赤羽、二宮氏が台上に立って演説し、最後に岡山の谷川達海氏が国会開設論をぶったという[16]。すなわち、三日間の催しは風俗改良を目指すキリスト教の説教と自由民権運動の合同の会であった。

金森通倫はその後、高梁へ定期伝道を続けた。このようにアメリカの宣教師だけでなく、同志社を卒業した牧師が伝道していた高梁へ、アメリカ帰りの宣教師で同志社の創立者であり、しかも備中高梁と宿縁のある新島襄が明治十三年二月十七日から三日間、訪問したわけである。新島にとって高梁訪問は二重の意味で感慨深いものであった。一つは新島の箱館行き、したがって命がけの日本脱出を可能にしてくれた、親しい旧知の友人のいる備中松山（高梁）はあたかも親戚を訪ねるようななつかしい旅であった。二つ目は自ら日本側の最高責任者としてキリスト教の宣教がこの因縁浅からぬ高梁において実現したことの無上の喜びである。

新島は十七日、高梁小学校の裁縫所で約三百人を前に説教を行い、十八日は夜、四百人を前に説教している。その内容は、①日本の新しい国づくりは富国強兵ではなく、まず文明の基礎を築くことが必要。②文明の基礎を築くにはまず神を知って敬い、人を愛することが大切である。これによって自由の民となり、真に文明の域に達することができる。③次に必要なことは日本人の心を改良することである。そのためには教育が急務である。その際、注意すべきことは女子教育を重視することにある。日本を文明化するためには男性だけでなく、女性に対してもキリスト教に基づいた教育が急務であると説いている。[17]

こうした新島の熱意あふれる説教は、高梁の人々に深い感銘を与えた。その実のりが二年後の高梁教会設立となって実現したのである。

③　地元案内役――柴原宗助・二宮邦次郎・福西志計子

先に述べたように、高梁におけるキリスト教の演説会は柴原宗助（開口社）が呼んだものであった。開口社は最初、学習啓蒙的なものとして出発したが、やがて自由民権運動にも加担するようになり、さらに西洋医学とキリスト教の布教にも大きな役割を果たした。しかも会の代表であった柴原宗助に続いて二宮邦次郎と赤木蘇平までが熱心な信者になった。彼らは新島の説教に心を動かされ信仰を深めて、明治十五年四月二十六日の高梁基督教会の設立に尽力し、同日、金森通倫牧師によって十四人がまず洗礼を受けた。

柴原宗助は新島の高梁訪問のあと同志社の速成コースを終えて帰った二宮邦次郎によって設けられた「安息日学校」をサポートしただけでなく、福西志計子による私立裁縫所の設立にも最大限の援助をしており、後にこれが順正女学校となると自ら校長に就任している。柴原こそキリスト教の地元受け入れの有力な案内者であった。

もう一人の地元の案内者である二宮邦次郎は小学校の教師であったが、高梁の開口社に加入し啓蒙活動を行っていたが、明治十二年十月の中川横太郎と金森通倫によるキリスト教の説教を聞いて心を動かされ、その三か月後の十三年二月、新島が高梁を訪問したときには四月から同志社の神学速成コースに進学する計画を新島に告げた。新島はこれを大いに喜び、入学の支援を約束したことを妻に書き送っている。[18]

地元案内者の三人目は福西志計子であった。福西の果たした役割は前の二人に優るとも劣らないと筆者は推察している。まず二度のキリスト教の説教がなされた会場は福西の職場である小学校の付属裁縫所であった。なぜそうなったかはまことに不思議なことと思われるが、それはたぶん、福西の決断力、実行力によるものと推測している。

と言うのは新島の説教を聞いて回心した福西はそのあとすぐキリスト教婦人会を組織して活動を開始したからである。その活動の故に非難され十四年七月に付属裁縫所教員を辞職したが、十二月には私立裁縫所を設立して町議会に挑戦した。驚く程の勇者であり実行力の持主であった。この町のキリスト教会の設立ではきわめて女性が優勢であったと思われる。それは十五年四月の教会設立の際の受洗者は男女同数であったところにも見られる。

これまで述べてきたように、キリスト教の高梁への伝道は「主体・原動力」が計画し、実践部隊である「推進役」が実践し「地元の案内役」が受け入れに徹することによって成功したのであるが、それぞれ不思議なほど有力な適役が現れているのに驚かされる。

医療技術もキリスト教もともにきわめて幸運に恵まれて高梁に受け入れられた。

五　近代化と地域社会の変容

これまで備中高梁という地域社会の四つの局面（政治・医療・教育・宗教）の近代化を三つのステップ（主体・原動力、推進役、地元案内役）に分けて考察してきたが、最後にその結果としてどのように地域社会が変容したかについて述べてみよう。なお政治は全国的に展開したのでここでは省略する。

(一)　西洋医学の導入による医療機関の整備

医療の領域では開国につづく近代化によって東洋医学から西洋医学への転換が急激に進行した。

高梁町の赤木蘇平医師は明治十二年頃から郡内の医師を集め、毎月一回「医術研究会」を開催して指導していたが、ベリーの仮診療所が設けられるようになったのは、明治十二年十月四日から三日間、中川横太郎、ベリー、金森通倫の三人が高梁に初めてのキリスト教伝道を行った後からである。

この柴原宗助と赤木蘇平はベリーに対し、毎月高梁へ出張してもらい患者の診療と高梁の医師の指導を依頼した。ベリーはこれを快諾し、毎月第二水曜から三日間来高することになった。新町の旅館「重屋」の一室に「仮診療所」を設けて実施されたが、これはやがて「私立高梁病院」へと発展した。明治十六年の記録によると、このほか「私立高梁脚気病院」も設けられている。

高梁病院は県立の岡山病院に次ぐ県下第二の規模のすぐれた病院であったが、その経営は柴原宗助、丹藤友太郎、柳井重宜、小林尚一郎が責任をもち、須藤英江、赤木蘇平が診療にあたった。ところが彼等らいずれも高梁基督教会の信徒であった。このように高梁病院はキリスト教に支えられていたのである。

(二) 学校の整備——藩校・塾から小学校・中学校へ

幕末期備中松山にあった教育施設は藩校の有終館を中心に郷校、塾、寺子屋を合計すると四十五に達しており、文化的に充実していたことは安政六年山田方谷に師事した越後長岡の河井継之助が、庶民が皆読書している様に感嘆した事実はよく知られている。

ところが明治以降、状況は一変して明治四年には廃藩置県に伴って有終館は閉鎖された。続いて五年に学校令が発布され、六年には高梁小学校が開設され、塾生や寺子屋の生徒が小学校に編入されたため、塾や寺子屋もしだいに姿を消していった。そして明治九年には小学校に女子のための女紅場が設けられ、十年には付属裁縫所と名称を変えた。

明治五年に司法省に出仕し、十年からは二松学舎という学校を経営していた三島中洲は高梁に漢学塾がなくなったのに中学校が存在していないことを憂えて、有終館を再興する計画をしていたが明治十二に再興し、変則中学校の扱いを受け、ここで学んだ生徒の多くが、さらに東京へ出て三島中洲の二松学舎に進んだ。また十四年には町村組合立の上房中学校が高梁に開設されたが、入学する生徒が少なかったので十七年には廃校となった。その上十二年に再興された有終館も二十年に荘田賎夫館長が死去した後に廃校となった。その結果高梁には二十年以降、中学校がなくなった。

他方小学校を終えた女子に対しては明治九年から付属裁縫所が設けられていたが、明治十四年十二月にはこれとは別に辞職した福西・木村の私立裁縫所が設立された。しかしこれらは中学校として認められるものではなかった。ところが福西志計子は明治十七年、キリスト教会に対する激しい迫害のまっただ中にあって、正規の女学校の設立を決意し、私立裁縫所に文科を加えて改編し、十八年一月、正規の「順正女学校」を創立した。これは正規の女学校であっただけでなく、キリスト教界の名門校に成長し、四国や九州から多くの生徒がやって来て寮に入って就学した。

県立高梁中学が開設されたのは十年後の明治二十八年であった。高梁町では女子の中学校が男子校に十年も先行した事実は大いに誇るべきことである。

(三)　宗教――高梁基督教会の設立

明治十三年二月、新島襄の高梁訪問伝道は地域に重大な衝撃を与えた。関係者の精神的昂揚は極点に達し、新しい試みが次々と始められた。同年七月には「安息日学校」が開説され柴原宗助がその責任者となり、二宮邦次郎が伝道師として運営に当たった。

二宮邦次郎は小学校教員を辞任して十三年四月から同志社の神学速成科に入学してキリスト教を学んで七月には伝道師となって帰郷し、「安息日学校」を拠点にして布教活動に入った。これに続いて高田敬三郎、荒尾信義、大森英信も同志社に進み牧師を目指すこととなった。

また「風俗改良懇談会」は早くから組織されていたが、婦人の信者たちは「基督教婦人会」を結成して活発な活動を展開するようになり、これを基盤に十四年十二月には福西・木村は「私立裁縫所」を立ち上げた。

このような信者たちの精神の昂揚は十四年になると、岡山教会の巡回説教所にとどまることなく独自の教会を創立しようという気運が高まってきた。

こうして明治十五年四月二十六日、柿木町の平野宅で高梁基督教会が創立された。岡山教会の金森牧師によって洗礼を受けた者は柴原宗助、赤木蘇平など十四人におよんだ。

ついに念願の教会は創立されたのである、さらに十八年一月にはキリスト教主義を建学の理念とする「順正女学校」が設立されたが、双方の支援者はほとんど重複していた。

こうして高梁には①政治結社の「開口社」と②西洋の医学の「高梁病院」、③教育の分野には「高梁小学校と順正女学校」が、④宗教の分野には「高梁基督教会」が揃ったのである。

最後に明治初期、高梁の近代化の特徴的な事実を指摘して結びとしたい。

それはいくつかの局面がバラバラに進行したのではなく、きわめて密接に連携しながら進行したことである。

その第一の理由は高梁の近代化の始動媒介の役割を果たした柴原宗助がまず政治結社としての「開口社」を創っただけでなく、第二に西洋医学の導入のためベリー、赤木と協力してまず「高梁仮診療所」を設け、これを「高梁病院」に発展させたこと。第三に「高梁小学校」はもちろんのこと順正女学校の校長も務めている。さらに第四に宗教については明治十二年十月の初めてのキリスト教の集会に中川横太郎、金森通倫、ベレーを高梁に呼んだのも柴原宗助であり、その後最も活発にキリスト教の受容にも努力し十五年には高梁基督教会が創立されると先がけて洗礼を受けた。このように柴原宗助が政治、医療、教育、宗教の四つの分野すべてにおいてリーダーシップを取ったことが、高梁の近代化をスムーズに進行した理由であったと言えよう。二宮邦次郎（政治・教育・宗教）福西志計子（啓蒙・教育・宗教）赤木蘇平（政治・医療・宗教）もマルチタレントであった。

注

（1）一色哲「キリスト教と自由民権運動の連携・試論」（『キリスト教社会問題研究』第43号、平成六年）一四四－一五四頁

（2）同、一四四－一四五頁

（3）井原・後月教育センター編『地域の教育遺産を掘る』一一二頁

（4）内藤正中『自由民権運動の研究』（青木書店　昭和三十九年）一六三－二二六頁
『岡山県史』（第10巻）一五七頁

（5）井原・後月教育センター編、前掲書、一〇四頁

（6）一色哲、前掲書、一五四頁

（7）井原・後月教育センター編、前掲書、一〇三頁

（8）柴多泰『明治前期高梁医療近代化史』（平成元年）五〇－五六頁

（9）同、六八－八一頁

（10）日本基督教団高梁教会『高梁教会一二〇年史』（平成十四年）三－一四頁
柴多泰、前掲書、六一－八九頁

（11）日本基督教団高梁教会、前掲書、一－一四頁
柴多泰、前掲書、五九－八九頁
竹中正夫「岡山県における初期の教会形成」（『キリスト教社会問題研究』第3号、昭和三十四年）一－一二頁

（12）柴多泰、前掲書、四六－五六頁

（13）竹中正夫、前掲論文、四－五頁

(14) 竹中正夫「岡山県における初期の教会形成」、六頁
(15) 日本基督教団高梁教会、前掲書、一一一四頁
竹中正夫編・三井久著『近代日本の青年群像—熊本バンド物語』(ＹＭＣＡ出版、昭和五十五年)一二七―一三九頁
(16) 柴多泰、前掲書、六九頁
(17) 現代語で読む新島襄編集委員改編『現代語で読む新島襄』(丸善出版、平成十二年)一四九―一五一頁
(18) 同、一七一頁

第五章

閑谷学校における山田方谷の教育実践

序　閑谷学校と山田方谷

（一）閑谷学校の創建に努力した人々

『閑谷学校ゆかりの人々』によると閑谷学校をつくったのは次の七名だという。

まず第一は藩主池田光政を儒学に開眼させてしかも庶民の教育の振興をすすめた「熊沢蕃山」、次に異常な熱意をもって閑谷学校の建設を命じ、死後には閑谷に祀られ学校の守護神となった藩主の「池田光政」、第三は光政の命を受け、閑谷に住みついて、藩士のための岡山学校よりもはるかに華麗な閑谷学校を創り、その永続にも配慮した「津田永忠」、第四に、和気郡の手習所の設営の指図をした当時の郡奉行の「渡辺助左衛門」である。この手習所が後に閑谷学校に発展した。第五に閑谷学校の草創期の学校奉行の「加世默軒」である。光政が隠退し延宝元年（一六七三）津田永忠が閑谷に移ると永忠の後任として加世默軒が学校奉行を務めた。

第六は、閑谷学校の大成殿に安置されている孔子像を監修した朱子学者の「中村惕斎」である。元禄十四年に完成した孔子像は閑谷学校の祭器蔵に納められていたが、宝永元年（一七〇四）に鋳造《ちゅう》された光政公像とともに宝永四年（一七〇七）に市浦毅斎らによって孔子廟と芳烈祠にそれぞれ安置され、釈菜が執行された。第七に閑谷学校の存続を決断したのは「池田綱政」である。宝永四年（一七〇七）閑谷学校の建立に尽力した津田永忠の没後、重臣達の間に閑谷学校無用論が高まった。そこで家老池田刑部は閑谷廃校のことを学校奉行に申し渡した。これを聞いた市浦清七郎は決死の覚悟で綱政に諫言書を奉り、閑谷学校の存続を願った。綱政は沈思黙考の末、その存続を許したと言う。綱政のこのひと言が風前の灯の閑谷学校を救ったのである。

（二）閑谷学校と山田方谷

明治二年版籍奉還が行われると藩の財源がなくなったため、藩の経営する閑谷学校は閉校に追いこまれた。明治四年に廃藩置県が実施され岡山藩庁は岡山県庁となり、その岡山県庁は学制の改革を考えていた。そこでは漢学を廃して洋学を採用することを計画した。これに対して岡本巍は友人の坪田繁、谷川達海、島村久、寺尾牛馬と図り、学制改革担当の西毅一、加藤次郎に対し、和・漢・洋の三学を鼎立させる案を献策した。その結果案に相異して岡本らの意見が採用されたので、岡本は和・漢学の再興を掌ることとなった。

こうして明治五年岡山に漢学支塾が設立された。これは後に和学所と合併し、彰義館と称した。そこでは森田月瀬と星島良介を教師とし、青木順一を総取締、寺尾と岡本が取締役、島村が取締補、中川横太郎が世話方を務めた。また岡本、谷川、島村は塾監となった。

さらに岡本らは山田方谷を彰義館の教師に迎えようとして、中川横太郎らが小阪部の方谷のもとを訪問し、彰義館教師に就任を要請したが、方谷は小阪部から離れられないと、岡山に出ることを断ったが、もし閑谷学校が再興されるなら協力することを約束した。大いに喜んだ中川、岡本、谷川、島村らは旧藩主の池田家の援助も受けて、閑谷学校の再興に努め、六年春には再興がなり、閑谷精舎と称した。

山田方谷は約束通り明治六年春から九年まで春秋二回、それぞれ一か月ほど閑谷にとどまって講義を行った。幸い方谷の講義をノートしていた岡本の努力によって明治三十五年頃講義録が出版された。

(三)　師門問弁録

この『師門問弁録』は山田方谷が明治六年から九年にかけて閑谷学校において講義をおこなった際に、方谷と門弟の間に交わされた質疑応答の記録を、門弟の監講を務めていた岡本巍が自分のノートを明治三十五年に編集して刊行した。以下、その一部を現代文に改めたものである。

私がかって山田方谷先生の門に入った時、そこには諸国から来て学ぶ人が校舎にあふれていた。なかでも村上（作夫）樟江、島村（久）杏塢、谷川（達海）原泉等は最も熱心に学習を続けていた。私は常にその三人と切磋し、互いに相談し、疑問が湧くとすぐ先生に質問し正解をいただいた。先生は理路整然とその疑問を解いて私達を啓発し指導された。その時のわれわれの質問と先生の答えを私は筆記して今まで所持していた。最近、それを書箱の中から取り出してこれを読み、先生の学識が広くて深く、明確であることを改めて確認した。そこで思うにこの教述を永くこのまま古紙の中に埋没しておけば、恐らくはそのうちに散逸して再び日の目を見ることはないだろうと思う。そこでこの記録を写し出し校閲補正して、『師門問弁録』と題し、これを以て後進の人々に伝えようと思う。願わくば、後進の学徒が方谷先生の教えを知り学問に益することがありますように。しかしながらこの記録は先生の教えの一部に過ぎない。私と三人に教えたこともこれだけではないし、他の門下生に教示したことも多い。しかし門下生も今となっては離れ離れとなり、生死が知れない人もいる。それ故、それらを網羅し蒐集することはいまとなっては不可能である。そこで私の手元にある記録をとりあえず編集し、他日、続編を出版することを期したい。

明治三十五年（壬寅）孟春

門人　岡本巍

一　『師門問弁録』にみる山田方谷と村上作夫・島村久・岡本巍との質疑

方谷先生講述　門人岡本巍纂輯

（一）岡本巍『師門問弁録』（訳文　一部）

先師方谷先生は常に門弟に言った。「理」という考えは「気」中の条理である。「一気」の自然に順うならばそれは天理である。「気」の外に「理」があるわけではない。

先生はまたこうも言われた。「気」が「理」を生みだすのであって「理」が「気」を内包するのではない。

先生はかって気質の変化を論じて言われた。気質の柔剛緩急は変化することはない。ただ気質から私意を除くことは出来る。私意を捨てればそこでは柔剛緩急皆それぞれ作用を果たして相互に害することはない。こうすると変化がみられる。

先生はかって静座について論じて言われた。静座は初学の工夫である。もしこれをずっと続けると大きな害が生まれよう。道の本体は静動一致である。そしてわれらが行う工夫はただ動きそのものの中で大いに努力をするのがよい。静座は畢竟外物の紛擾を防ぐだけである。われわれは事物に接し、活動している時に心胆を磨錬すべきである。静座によって心性を見ようと欲するのは仏教・禅師のやり方であって、その道はおのずから儒学とは異なるものである。

先生はかって本体の体用を論じて門下の諸子に示して言われた。本体は形而上のものであって形而下の物ではない。これが已発の用がなくて未発の体はない所以である。そこで本体を形而下の一大物とするようなら、そのまどいはさらにはなはだしいものとなる。

先生はかって誠意正心の工夫について論じて弟子に言われた。わだかまりをなくすのは正心の工夫である。必ずまず誠意の工夫をよくすればその後、わだかまりをなくする工夫がなされ得る。

（二）質疑応答（一部）の概要

①　村上作夫（樟江）の質問と方谷の答

（村上作夫は豊後旧森藩士、春日潜庵に学び深く劉蕺山の学を奉じ、後、小阪部塾に入門し、方谷先生に従い閑谷学校に通い、学頭を務める）

方谷先生が作夫に言われた。古代と今日の間の歴史的変化を知るには西洋の学問が長じている。

王陽明は千年来の卓越した学者であって最も古代から現代までの歴史的変化に通暁している。いわゆる気中の条理は良知説の精髄である。

陽明先生の説は往々にして古書に述べていないことを説いている。これは運命的な変化である。

学問においては朱子の注釈に従ってもよいが、そのようにすると後世から本源を明らかにすることが出来なくなる。いたずらにいろいろなことを聞き、また多くのことを見てともすれば私的な知恵だけが強化される。ここにおいて陽明先生は本源をさぐる学によってその弊を救ったのはまことに適切であったと言える。しかしながら、この本源をさぐって古書を解釈すると、独り牽強曲解に陥るだけでなく、もし本体によってこの字を解釈すると、大きな弊害をも生むから、このこともよく考えるべきである。

質問（一） ある人が学問とは論証することである。論証とは詩書礼楽および古今の言行によって自らの真実を証明することであると言いましたが、いかがでせうか。

答 それは朱子の説に近い、博学によって本体を証明するというのは、すなわち外から内を照らすものである。私（方谷）の学問は日常活動から学ぶ学問である。日常生活から学ぶやり方では本源が已《すで》に明らかであるので、自ら学ばなければならないのである、苦しんで学ぶのは本体のしからしめる所である。これが陽明先生の真意である。作夫はこれを聞いて豁然として悟った。

質問（二） そこでさらに、本当に明瞭なのは陽明先生の学問ですか。

答 先生は莞爾としてその通りだと述べた。さらに続けて昨日論じた学問は良知良能についてであったが、それは抑えようとして抑えることの出来ない衝動である。これが「気の中の条理」というものである。そこで、人に質問し書物を読むことが出来ないのは、意志が隔離して良知良能の働きを妨げているからである。

質問（三） 学問は良知の自然な作用による効能ですか。

答 人が学ぶのはまず誠実な志があって、その後で疑問を抱いて人に質問し、また古人の書物の中で研究するのである。学んだ後で、誠実の心を生み出すのではない。このところが朱子と陽明の分かれるところである。よくよく考えなければならない。

質問（四）　豫章・延平および王子の門下の雙江・念庵らが未発の「気」を体認するため試みる静座の学は今日、その人の生命にとって最も緊要な業だと言いますがいかがでしょうか。

答　それは陽明先生の説ではない。陽明先生が静座を説いたのは、まだ学問を始めたころ、思慮が足りない行動の念を鎮めるためにしばらく実行したのであり、これをもっとも重要な功があると言うのではない。

善無し悪無しの説は、古来よく議論されている。これについて私にも考えがある。気中の条理が学問の対象となるという点は論議の必要はない。しかしながら気中の条理には二つの見解がある。条理が気に具わっているのか。気が条理を生ずるのか。そのところをよく研究する必要がある。けだし気は条理を生ずるのである。気は活発に変動しながら条理を生ずるのであって、始めから条理が存在するのではない。これがいわゆる善無く悪無き者ではないか。

善無く悪無しとは、形がまだととのっていない前の状態について言っていることである。形が形成された後では善悪が生まれ、声や臭いも生まれる。ところがこの形が出来る前を推測出来るのは陽明先生ただ一人である。孟子のいわゆる性善説は、すでに形が出来た後の説である。およそ動と静が生まれるようになると、善無く悪無きといった大虚の状態とはなり得ないのである。

事物に感応しない前で、意が生まれないときは善も無く悪もない自然の状態である。およそ事が現れて自然にこれに感応する。この知覚感応を司るのはみな「心」である。陽明先生の言ういわゆる「格物」は事が起こって、感応し、「良知」の働きに自然に従うだけである。

質問（五）そこで「心」は一気である。「気」は虚体であって、その中で自づから「理」を主としているので、必ず善を好み、悪をにくむのである。それは必然的なことであって、このことは条理があるからではないだろうか。いわゆる「良知」は単に知と言わないで必ず良の字を加えるのはこのためである。今気の中にはもともと条理はないと言うが、ひそかに恐れるのはあまりばく然として主宰するものもないことである。そして禅において作用を性と言う説も正しくなくなるのではないか。

答「良知」の良は善の意味ではなく、自然を意味するものである。「気」がいささかの滞りもなく、自然に感じ発生するものを「良知」と言うもので、それ故、「良知」は善に必然的に付随するというものではない。ただ人の場合にあってだけ善である。獣が人を害する場合には獣にとっては「良知」である。その他の万物は善に必然的に付随するものでもない。人の場合にも聖人であったり、賢人であったり、それぞれ違いがあり、一定の「気」ではない。ただその「気」が自然にしたがい、わずかの滞りもないならば、条理は自づから生まれてくる。その意味は最高に枢要な事である。このことを愚老（方谷）が常に心に持っていたが、これまでこれを人に語ったことはなかった。

② 島村久との質疑応答 （島村は岡本巍と同郷同学の人）

質問（一）方谷先生はかって陽明の善なく悪なきの説は、人身がまだ形造られず、形象や順序がないときなりたつ。

人身が生まれ、物に形象が出来ると、順序が出来る。そこで天地万物の形象が形造られるとすべて善あり悪ありとなると言われました。しかしながらその形象が生まれているのに、まだその物に意念が付着していないと、まだこれは善無く悪無きの時といってよいのではないか。これについての考え方で深く悩んでいます。

答　形象がすでに形造られているのに、物に意念が付着していないという事はない。感応が生まれさらに継続しているもののように、善無し悪無きの状態を時間で示すことが出来るだろうか。相継いで変わる際にその継目の間にはまったくすき間がない。前の想念がやむと何処かに向かって去り、次の想念が生まれるのは何処から来るのであろうか。この想念の去来の軌跡を知り得るなら、善悪の境がないことを初めて悟り得るであろう。形がいまだに造られていなければ時が動き出すことはない。いやしくもこのことが会得されると、陰陽・昼夜・死生についての道を一挙に悟ることが出来る。

（質問（二）と答は省略）

質問（三）　王陽明の善無く悪無しは心の本体というものは、人身の形体とは関係がなく、学問上の努力にはごくわずかの益もない。そこで転折した未完の語をつくるような無駄の類に属するものに似ている。もし心の本体をもって無駄なことをすれば、「直」をもって養うの「直」もまた蛇足に属するのではないか。明瞭に教えて下さい。

答　学問の道は誠意だけである。意が発動すると善となり、悪となり、そして誠は自然のなかから生まれる。自然に従うことを善といい、自然に従わないものを悪という。そこで誠意の工夫は入念に精査して自然に従わないものを排除すれば善だけとなり、悪はなくなる。『大学』の教えもまたこのようなものである。その善なく悪なき状況を想定するようなことは聖人の経書や賢人の伝記にもいまだかって言明されることはなかったもので、これを説くのは王陽明から始まった。しかしそれは人にかかわりないもので修養にも役に立たないとされ、後々の人から非難されていろん異端の学とされたが、これも避け難いところである。しかしながら私（方谷）はかって反復して王陽明の書を通読し、その論旨を探究した後「陽明」が一生苦心を重ねた結果、このような言明を行ったものであることを知った。古代においては風気は淳朴で人心は安直であったので、その善は自然の誠から生まれるもので、悪も隠すことが出来ず、真の善も真の悪も判然と明らかになった。そこで学者の研究も「善をなし、悪を去る」だけで十分であった。

ところが時代が流れるにつれて道はおとろえ、風気もうすれて混濁し、人心も邪悪となり、当然、悪事も頻発する事態となった。善事も自然の誠によるものでなく、様々に構成し造り出した末に提示したもので、人々の胸にまず善を抱き、或はなまめかしく飾り、或いは事柄に偏執して自己を正当化し、他人を不当とする。競争においては勝利を目指し覇権を求める。また表面だけ君子をよそおって、偽善者となる。さらに徒党を組み、過激派となり、浮わついた華美に流れ、生気がなくなる。そこで弊害が次々と生まれ、変化を予測することが出来なくなった。道義の崩壊、世の混乱はこれによらないものはない。それに反して生涯にわたってものごとを勉行する人は自分で善を履行しない人はいない。善悪の分が混淆し混乱して、天下の人々は目がかすんで見えず、その帰趨を知る人はいない。善悪の判断が問われ、その弊害が遂に極まるに至ったことを知ることは出来なくなった。

王陽明は近代になり、弊害が極度に達した時に生まれ、その原因を洞察し、身をもって百錬千磨の実践を通して遂に「良知の学」を創造して一世の学者達を悟らせて千古の弊害を除こうとした。ところが後進の学徒はその本質を見失い、自己流の見方でそれぞれ異なる「良知」を唱え、また人々はその行為を実行し、競争の弊害も甚だしいものとなった。

ここで決然として、古今において、天下の人々の譏りをかえりみず、まだ誰も述べていない一句（無善無悪説）を唱え、そして世の人が善悪を超越し、意念がまだ生まれない源に逆上り、人為的に構成し作られたものを捨て、自然の誠に拠って立つようにしむけたいと思った。このようなことはまさに止むを得ず為したことであるが、その苦心の深さもまた悲しいことである。今、この書を読んでその学問を講義し、力を実地に利用しようとするならば、必ずやまずその苦心の存する所を知らなければならない。そして、そこから深い言外の意味を会得することが出来るならば、すなわちもって末世の弊害のある習慣を一掃して古代の大道を回復することが出来るであろう。

③　岡本巍との質疑応答

質問（一）　今、方谷先生のように形而下のものに「性」があてはまることを知れば、則ちこの「性」に仁義礼智の「理」があるということは間違いとはいえない。すでに形が出来たものにその「性」をあてはめると、惻隠羞悪辞譲是非の「理」があるから、多分、そう言うであろう。たとえ形而下のものでも、自然とかかわりなくその論を主張するのであれば、この「性」もまた一箇の具体的に存在する「理」になるのではないか、また一箇の定在する善ということになるのではないか、教えて下さい。

答　形而下のものには「性」を用いるべきである。そこで仁義礼智の「理」ありとするのは、すなわち気中の条理を言っているのである。気中の条理は自然に生まれるもので定在するものではない。私（方谷）の言う考えと異なるものではない。ただ形而下のものは本体と呼ぶことは出来ないのである。

質問（二）　拡充の二字については、朱子と王子の学問のあり方が分かれる所である。朱子の意味でこれを表現すれば、「仁」のような一理を外に向かって拡めてこれを充て、これが万理に通じるのである。発見したものに即応して事々物々を究めて終極まで到達すると意識は誠実で、心は正しく、一身は修まって家はととのい、天下国家も治まって平和がもたらされる。これは「理」を拡充晋及したたまものであり、義礼智についてもそうなるのであろう。これが窮理の学である。

これに対して王陽明の意味では、人心「良知」の明徳が物事にふれて発するもので、四端（仁義礼智の道に進むいとぐち）がその代表である。これを拡大すると天地万物「良知」に感応しないものはない。その感応が「親」に生まれるとその親によく仕えることがなされ、「君」に生まれるとその君によく仕え、兄弟妻子朋友の間にも同様の状態が作り出されるのは、それが拡大するからである。そのことは「義・礼・智」についても同様のことが成就する。これが致良知の学である。これが朱子学と陽明学の最も異なるところであり、他は推して知るべきである。さらに朱子学と陽明学の異なる所を方谷先生にお尋ねいたします。

答　四端の章でも、朱子学と陽明学は拡充の仕方が相違している。拡充は朱子では窮理によって為される。他方、王陽明は致良知から始めるものでまったく異なっている。しかしそれは本源である「理」と「気」の違いから来ている。［また次のように言われた］朱子学において「理」を説くといっても、一箇の「理」が「気」より先に在ることを言っているのではない。ただ渾然とした一つの「理」が分散して万の珠となることを言うのである。これはたとえて言うならば「水晶」を砕くと砕かれた一片はいずれも六角となり、また「そば」を砕くと皆三角になるようなものである。このような細末の塵粉の出来具合は眼力の及ばない所ではあるが、砕かれると、いずれも六角と三角になる。そして砕かれた六角や三角となったものはもとの水晶やそばと同じものである。そこで茫々たる大虚、窮極においてあるのは、渾然たる一理が陰陽となり、五行となるのであり、万物の生成はこの「理」の分かれた珠玉である。人に仁・義・礼・智の四端があり、その理を発見し陰陽五行を自らそれぞれ配当するので、此細なものに至るまで陰陽と五行がみられないところはない。これは水晶を砕いても六角となり、そばを砕いても三角となるのと同じことである。窮理の学は物や事柄の陰陽五行の「理」を究明して、すべて渾然たる一理に帰着する。そこで仁義礼智の四端から始めてこれを拡めていくと四海に達し、天下は大平となる。それは天下もすべて陰陽五行からなっているからである。

この質問は「理」をもって一箇の物となす考えのようである。しかし朱子学の説くところでは「理」と「気」に先と後の区別をつけることになる。これもまたよく検討しなければならない。

方谷先生はかって岡本巍に次のように言われた。われわれは口では性と命の玄妙を説き、心では理気の蘊奥を究明すると言っているが、親への孝、兄への悌、忠信を日常の行為の中で修養をしなければ異端や頓悟（急にて悟る）の徒に陥るから留意しなければならないと。

岡本巍はその日のうちに反省した。

二　谷川達海・島村久・岡本巍に与えた教戒

（一）谷川・島村・岡本三氏に示す

かつて私（方谷）は二人が囲碁を打っているのを側で観ていた。勝者は初め一隅を囲われ攻守の決着がつかず、むしろ危うかった。そこでこれを放置して他の隅で攻勢をかけたが、まだうまくいかなかった。すると更に他の隅に向かった。そしてようやく黒と白が盤面一杯となり、石が連続するようになった時、突然、大きく変化していくつかの隅の囲いが自然に解け遂に全局の勝ちとなった。他方、負けた方はこれと反対であった。これを見ていて私は読書の方法について悟るところがあった。

一つの意味がわからず、一つの書物が悟り難ければ、師に質問し、友人にただしてもなお納得出来ず、疑いが深まり、苦しみ気疲れする。その時脱然としてこのことを度外視し、全体を調べ、他の書物を渉猟し、時に反省し、処々で納得するものが出て来る。そうするとこれまでの疑いが突然氷解する。その喜びは言葉に表し難いものである。こうしてこれらのことを自ら良い方法とし、これを他にも勧めた。そうでなければ、自己嫌悪に陥り、避け難い病が生まれる。これは読書に敗北する兆である。

その後で国の歴史を読み慶長年間の関ケ原の役についてみると、徳川公の世子が中山道を経て、戦に臨んだ。ところが沼田の戦に時を費し、遂に関ケ原の会戦に遅れた。徳川公は棋勢を例えに、之を厳しく責めた。武将が兵を用いるのと文士が書を読むのも皆同じ理屈で符節が合っているようである。要するにこれは滞るか滞らないかの問題である。大気運動は変化窮まりない。人心が一つ停滞するなら、百の障害が生まれる。天下の事で何も滞らなくなり、滞ることに失敗しない者があろうか。私の閑谷精舎に泊る学徒は数十人もいたが、その中でも谷川・島村・岡本の三氏はまず志を立てて古いものを好み、書を読み討論し時間を惜しまなかった。そこで今ここを去っていくに臨んで、私が昔得たところの方法を書き留めて置きたい。願わくば力労の一助となりたい。またこれをして一般の人で読書に勉める人にも告げたいと想う。

滞りは渕とは自ら別である。なお流れは氾濫とは同じではないようなものである。水の性質に詳しい者はおのづからこれを知っているであろう。

（二）　島村氏に示す

一年中山にこもり閑暇をかこっているが、それでもなおある一時《ひととき》静座澄慮している。また一年中朝から演劇を学ぶが、これもなおある一時の動作によって事物に接している。そこでよく工夫すると空寂に滞らず、華やかさに浮かれることなく、かすかなすき間もなく、静と動が一つとなり、千年と寸刻、あらゆることにも自在に対応出来るよう、心と気の上手な用い方が出来るようになる。

（その二）

初学の人が、実際、すでに具体化してしまったことに力を消耗してしまうと、その後が続かないことを知るだけである。どうしてその他の人のことを思いやる暇があろうか。そしてまだ現れない問題を探索してとどまることがない。これでは昼の事務を忘れて、夜の夢の寝床を思うようなものである。そのようなことを思う心はすでに忘想の中にある。

（三）　岡本氏に贈る

人生百般の働きは心気が活発であることによってその効力が発揮される。ごく一部でも活発さがなくなるとその分だけ働きが鈍る。反省しなければならない。誠意をもって浩然の気を養い、窮理の工夫もまた活発にやってはじめてその効力が発揮される。活発であり得ないのは必ず何か病気があって工夫が妨げられているからである。自ら反省してその病源を究明してそれを取り除き、さらに一層の工夫をして活発さの効力を発揮させるべきである。もし工夫の効果が現れるのを待たないで、早急に活発さを得ようと欲するならば、さらに心がいらつき、ますます変わり易くなる病が生まれ、驚いて気抜けがして百事を妨げることになろう。

（その二）

山中の賊を破るのは容易であるが、心の中の賊を破るのは難しい。これは王陽明が実地に経験したことから出た言葉である。単に学者を戒めるためだけでなく、自身を戒めたものである。その困難さを知るべきである。しかしながら賊を破るには道がある。その賊をからめ取るに当たって、くまなく捜査につとめ巣窟を覆《くつがえ》して払い除け、一ケ所も残さない。その賊に遭《あ》った時には、撃滅戦を展開して仲間も殲滅し一人も漏らしてはならない。山中の賊による世の乱れをここにおいて平定して功を奏すべきである。心中の賊についてもまた勇気と英断の工夫を用いると、この賊を破ることに何の難しいことがあろう。今これを王子の霊に向こうても他の策を告げることはない。備前の岡本巍君は近ごろ専ら律学（宗）を学ぶ。ある日、閑谷の寓居に来訪したので詩を示した。その中に王子のこの語を使用し、またこの絹布をもって、一戒言を書くことを請われた。そこでこれを記録して贈った。

（四）谷川氏に与える

谷川氏は字は達海。私（方谷）に名と号をつけてくれと要請された。私は孟子の言葉からとって名を「盈進」、号を「原泉」と付けた。孟子がこれを言ったのは徐子の問いに答えてその病に処方した薬である。それ故、よい評判が情に過ぎるのは君子の恥と言う。達海君のためにはこのことを述べるほどのこともない。そこで評判が良くても悪くても皆外から来るもので、自分からこれを求めるものではないと説明している。そんなものがどうして君子の懐に入れるに足ろうか。またその実が無いのに名を継ごうとすることを恥じることは註釈家の説く通りであろうか。その実行もまた名を継ぐことにあって、君子の心であろうか。君子の道は誠をもって根本としている。いま達海君のためにこれを言うとしたら、誠ただ一つである。原泉から混々として湧くのは誠の根本である。昼夜を通し誠は止むことはない。科《とが》めが満ちあふれたところを進んでいくのが誠のいとぐちに立つことになる。大海に放り出されることによって誠の極に行きつくのであろう。君子が恥じるのはその誠が無いことを恥じるだけである。いやしくも誠がありさえすれば、むなしい声は自ら聞こえることなく、実行を続け、何を恥と感じることがあろう。王子もまた源泉のない堤の水となるよりは、わずか数尺でも源のある井戸水になるのがよいと言った。数尺の井戸水でも源泉があるのが貴ばれる。まして混々と湧き出る源泉は言うまでもない。広い堤の水でも源がないのを賤しむのに、いわんや田畑の間の溝の雨水においておやと言う。そこで君子は誠を貴しとしている。どうか達海君努力して下さい。本源があって止むことなく、順序にしたがってその極に至る。ただ一つ誠を求めるならば「名」と「号」に恥じることはない。論者は言う孔子は水をたたえるもその趣はかすかである。孟子だけがこのように受取ったのは徐子がさし迫ったようにとったからである。孟子が徐子へ答えた言葉はへり下っている。そこで私（方谷）はいま達海君のまさに務めるべきことについてこれを述べ、さらに急流の難所を上るのが一番よい。達海君努力しなさい。

三　山田方谷と岡山の英才達

（一）方谷の教え方

岡本巍は方谷の教え方について、例えば『論語』を講ずるにも、初学の人には単に単語や文の意味を教えるにとどめた。次に学習が進んだ人には道理を説いたが、それも人によって、言うことが変わり、何が定説であるかを知ることも出来ないほどであったと述べている。

（二）方谷、学生達の憂国の至情をたたえる

谷川・島村・岡本ら岡山の青年達は若く多感で直情経行、熱血の血がたぎっており、過激とも見える行動が多かったが、方谷は普通の老人と違って、彼らの純粋な行動を抑圧するようなことをせず、むしろ大局的な見地に立って、

これをやさしく見守り、憂国の至情に燃えて行動する谷川達海を勇気づけている。

その頃、岡山の小田県（すぐ後で岡山県に編入された）の漂流民が台湾で圧迫されているという事件が発生すると岡山県の人士が憤激し義勇軍派遣の動きが出ると三人はその運動の中心に推し上げられた。

方谷はこの若い弟子達の至情あふれる熱血に思いを馳せ、一詩を賦して応援した。

(三) 谷川達海、「誠意正心」実業界に貢献

実業界を目指そうとする谷川と岡本に対して方谷は形而上学的研究だけを重視する必要はなく、兵学や財政こそ重要であると訓した。谷川はこの教えを十全に理解し、その後四十年間、この考えを守って実業界に貢献した。そして方谷の在世中に方谷の理念である「誠意正心」に基づいて生きることを方谷に誓い、形而下の学である法学を修め実業界に献身したのである。

すなわち彼らは方谷の理念に基づいて一生をささげ社会に貢献した。

(四) 閑谷学校の学生達と方谷

『山田方谷全集』を編集され、方谷のことを知悉していた方谷の孫に当たる山田準さんによると、閑谷学校には学生数は百数十人いたが、その中でも岡本巍、島村久、谷川達海は特に優秀で講監を務めており、「三秀才」と呼ばれていた。方谷はこの三人に特別の期待を寄せていた。そこでこの三人を孔門の人材に対比してこう言ったそうである。

まず「子張」に当たるのが「島村君」（秀才）、次に「子路」に当たるのが「谷川君」（勇者）で、さらに「子夏」に当たるのが「岡本君」（篤学）であると評したとされている。

このように方谷は三人の特色を鋭く捉え、豊かな才能をもつ島村君、すでに篤学の風格を備えた岡本君、さらに谷川君にはその勇気、決断力・行動力、主導性をよみとり期待をかけていたそうである。

四　要　約

本章は山田方谷の閑谷学校における講義と教育活動の記録である。

岡本巍、谷川達海、島村久らは自ら閑谷学校を再興して管理責任者にもなり、講義運営の責任者でもあった。そして方谷の講義を聴いて不明のところはすぐ方谷に質問して、明解な回答をもらって満足するとともに、予習・復習に切磋琢磨して勉学に励んだ。岡本はその講義ノートを大切に残していたが、捨てるのも惜しいと思って出版したのだという。今から思えばまことに貴重な貢献であった。明治初年の書体はすでに読みづらいところもあるので、ここで一節と二節についてそのエッセンスを要約しよう。

(一)　岡本巍『師門問弁録』

先師方谷が基本的なこととして繰り返し述べていたことは「理」は「気」中の条理であり、一気の自然が天理であるということであった。

われわれは事物に接し、活動している時に心胆を磨練すべきである。

わだかまりをなくすのは正心の工夫である。まず誠意の工夫に努め、そのあとでわだかまりをなくする工夫をするのがよい。

（二）質疑応答の概要

① 村上作夫との問答

方谷先生は歴史的変化については西洋の学問が優れていると言われた。また学問の研究なら朱子の注釈書を用いるのでもよいが、本源が明らかにされない。王陽明は本源を明らかにするには優れている。

問（一） ある人が学問とは論証することと言いますが。

答 それは朱子の説に近い。私（方谷）の学問は日常活動から学ぶものである。そうすれば本源が明らかになり易い。

問（二） 明晰に出来るのは陽明学か

答 その通り。「良知」は抑えようとして抑えられない衝動である。

問（三） 「気」は虚体で「理」が主となっているのでは。

答 「良知」の良は善の意味ではなく、自然を意味している。「気」がいささかの滞りもなく、自然に感じ発生するものを「良知」と言う。

② 島村久との問答

問（一） 形象が出来るとすべて善あり悪ありになると言われましたが、形が出来ても意念が付着していないと、善も悪もないのでは。

答　形象が造られているのに意念が著いていないということはない。

問（二）　王陽明の善無く悪無しは心の本体という説は真理ではないのでは。

答　学問の道は誠意だけである。意が発動すると善となり、悪となる。そして誠は自然のなかから生まれる。自然に従うことを善といい、従わないのを悪という。

王陽明は時代がながれ、風気もうすれ弊害が極度に達した頃に生まれ、その原因を洞察し、身をもって百錬千磨の実践を通してついに「良知の学」を創造して一世の学者達も悟らせて千古の弊害を除こうとした。天下の人々の譏りをかえりみず、まだ誰も述べていない一句（善無悪無説）を唱え、そして世の人が善悪を超越し、意念がまだ生まれない源に逆上り、人為的に構成し作られたものを捨て、自然の誠に拠って立つようにしむけたいと考えた。

このことが理解されると、古代の大道が回復されるであろう。

③　岡本巍との問答

問（一）　形而下のものに「性」があてはまっても自然と関係がない「理」となるのでは。

答　形而下のものには「性」を用いるべきである。そこで仁義礼智の「理」ありとするのは、気中の条理を言っているのである。

問（二）　朱子学と陽明学の異なる所を教えて下さい。

答　四端の章でも、朱子学と陽明学は拡充の仕方が相違している。拡充は朱子では窮理によって為される。他方、王陽明は致良知から始める。それは「理」と「気」の違いからである。

われわれは口では性と命の玄妙を説き、心では理気の蘊奥を究明すると言っているが、親への孝、兄への悌、忠信を日常の中で修養をしなければ異端や頓悟（急に悟る）の徒に陥るから留意しなければならないと。

（三）　山田方谷が子弟に与えた教戒

① 谷川、島村、岡本三氏に

ある時囲碁の対局を傍で観察していたら、一隅での攻防は後の勝者（A）の方が分《ぶ》が悪かった。するとAさんは次の隅に移ったがそこでも同じように展開した。Aさんはまた第三の隅に移った。さらに最後の隅で同様に攻防がなされたが、ある時点で突然全体がつながり、結局Aさんが勝利した。

これを見ていて、読書でも同じことがあり得ると悟った。一つの書物が理解出来ない時にはそれにこだわらず、師や友人に質問してもわからない時には、一度その本から離れ、全体を調べ、他の本を渉猟していると、突然、もとの難問が氷解するようになることがある。

歴史書によると関ケ原の戦いで徳川秀忠は中仙道を進んだが沼田の戦いに時を費し、関ケ原の決戦に間に合わず、父家康に厳しく叱責された。

これらの例はあることに強くこだわり、事態を滞らせることにある。人心が一つ停滞すると百の障害が生まれる。用心すべし。

②　島村氏に示す

年中山にこもり、時折静座しており、また年中朝から演劇を学びそこで事物につながっている。よく工夫して空寂におぼれず、生活すると静と動が一つになり、自在に対応出来るようになる。

③　岡本氏に贈る

人生の働きは心気が活発であるかによってその効力が発揮される。誠意をもって浩然の気を養い、窮理の工夫も活発にすると効力が発揮出来る。活発に出来ないのは病気があるから、それを取り除く。もし工夫の効果が出ないのに早急に活発さを得ようとすると心がいらつき病を生み出すので注意すべし。

次に王陽明の山中の賊を破るのは容易であるが心の中の賊を破るのは難しい。

④　谷川氏に与える

谷川氏は字は達海。私（方谷）に名と号をつけてくれと要請された。私は孟子の言葉からとって名を「盈進」、号を「原泉」と付けた。

君子の道は誠をもって根本としている。いま達海君のためにこれを言うとしたら、誠ただ一つである。原泉から混々として湧くのは誠の根本である。昼夜を通し誠は止むことはない。科《とが》めが満ちあふれたところを進んでいくのが誠のいとぐちに立つことになる。大海に放り出されることによって誠の極に行きつくのであろう。君子が恥じるのはその誠が無いことを恥じるだけである。

そこで君子は誠を貴しとしている。どうか達海君努力して下さい。本源があって止むことなく、順序にしたがってその極に至る。ただ一つ誠を求めるならば「名」と「号」に恥じることはない。

むすび――終焉の光芒　真の教育者としての方谷

最後にこれらの資料から何を読み取れるか想定してみよう。筆者のそれは「真の教育者としての方谷最後の輝き」を見た思いである

（一）方谷にとっての閑谷学校

明治五年、岡山の中川横太郎、岡本巍、谷川達海達に、岡山の漢学塾の教師に招聘された方谷はこれを辞退したが、逆にもし閑谷学校を再興するなら協力すると提案した。これに感動した中川達は旧藩主の助力も得て六年春までに閑谷学校を再興したので九年まで春秋各一か月ほど大きな喜びをもって講義した。

蕃山を尊敬し小蕃山と呼ばれることもあった方谷にとって閑谷学校には蕃山の香りが残っているものと思われた。『閑谷学校ゆかりの人々』によると閑谷学校は池田光政の意志で津田永忠が創ったもので、蕃山とはあまり関係がなかったようである。にもかかわらず、光政に庶民教育の重要さをふき込んだのは蕃山であったから、その章の最初に「光政を儒学に開眼させた熊沢蕃山」が書かれている。

方谷が期待したように閑谷学校の書庫には蕃山の『集義和書』があったので方谷はこれを独自のやり方で編集して解説している。

(二)　方谷の教育法

方谷は独自の方法を駆使して効果的な教育を実行している。

①　方谷は「人を見て法を説け」を実践していた。初学の人、中級の人、高級の人といった都合に、研修の程度に応じて、違った教え方をしていた。さらに同じ程度の人でも人によって違うので、定説は何かわからない程であったと言われている。

さらに陽明学は朱子学を十分に学習した者にしか教えないのは終始一貫していた。

②　教育とは面接による教師と弟子の相互交流によって成立するものであると考えていた。そこであまり多忙だからといっても方谷の代講を認めようとしなかった。教育はある先生と生徒の人格的な関係であるから。それは特殊な関係である。単に知識を修得するだけでなく、知識プラス・アルファーすなわち人格の交流が重要と考えられている。

③　二十代の若者達が若さゆえに血気にはやって義勇軍に志願したのに対して、これを抑えるようなことなく、むしろ声援を送った。方谷は勇気を肯定し支援している。

若者の行為を肯定することによって活力を高めようとした。

④　方谷は陽明学に徹していたから、学問は象牙の塔で静かに研鑽するのが最善であるとは考えず、むしろ日常の活動の中で為すべきものと考えていた。すなわち事上磨錬を実践していた。そこで学者を目指す研究室よりも実業界で活動することを谷川達海に勧めた。

（三）　方谷の悲哀

方谷は慶応三年、幕府崩壊を予感しながら老中勝静と決別して京を離れて帰省したが、その時の方谷は底知れぬ悲哀を味った。自分の顧問としての献策は何一つ取上げてくれない、藩主勝静に一日も早く老中を辞すように進言しても聞き入れてくれない。万策つきた。もはや長瀬で塾をやるしかないという思いであった。

さらに明治二年に川田剛、五年には三島中洲という愛弟子が相ついで旧主勝静のいる東京へ出て仕官した。自分も明治四年に川田剛に仕官をすすめられたがこの年になって東京で残老をさらしたくない。自分一人残された。再び深い淋しさに沈んだ。そんな時、閑谷学校で講義するチャンスに恵まれた。

（四）　閑谷学校の喜び

幸い明治六年から九年にかけての閑谷学校での生活は方谷にとって至福の時であった。岡山の英才達に陽明学の真理を十分に説き、愛弟子にとりまかれ、彼らの精神と温い交流を遂げ強い絆を創り上げることが出来たからである。

（五）　地上に実現した楽園

他方弟子達にとって古稀の老哲人と孫に当たる二十才代の青年達との理念の共有によって出来た結びつきは生涯決してとけることのない心の絆であった。

青年達は師の明快な説明に心酔した。それは疑いようのない真理であった。方谷と岡本、谷川、島村達の関係は真の意味で「師と愛弟子」であった。一人ひとりに親しく訓戒を与えて勇気づけている。

事実、弟子達は生涯変わることなく、方谷を信仰し、方谷が教えた通り、誠を貫いて生きた。閑谷学校は彼らにとって地上に実現した至福の楽園であった。

明治十年六月二十六日、方谷は閑谷学校という美しい大きな光芒を放って天界に消えた。

第六章

山田方谷の教育理念と使徒達の活動

山田方谷は幼年から儒学を学び、京都や江戸にも遊学して天保七年（一八三六）には藩校有終館の学頭に任ぜられて二十年間務めて知識を広めた。そして嘉永二年（一八四九）に元締役兼吟味役について藩政改革に挺身して成功を収め経済財政の情報に通じた。さらに藩主板倉勝静が幕閣の要職につくやその顧問となって諮問に答えていた。そこで当時の天下の政治情報についても十二分に通暁しており、それにもとづいて、一般知識、経済、政治情報を縦横に分析し、すぐれた洞察力を発揮して、徳川幕府の命運を早くから予見していた。

一　方谷の教育理念

(一)　徳川幕府の命運を予見する

方谷の幕府観についてはすでに第一章で述べたが、安政二年（一八五五）、津山藩士植原六郎左衛門を招いて、玉島の海上で水軍の艦上砲撃の演習を行ったあとで開かれた慰労会の席上で、方谷は徳川幕府の命運はもはや尽きようとしているとの大胆な発言をして周囲の人々を驚かせている。

また文久元年（一八六一）江戸城を見た感想を藩主勝静に聞かれたのに対して、「大きな船ですが、下は千尋の海です」とその危い命運を予言し、勝静の不興をかったという。このように方谷は幕府崩壊をその十数年も前から冷静に見抜いていたのである。そこで勝静に対しても、一日も早く老中を辞職するように勧めたが、聞き入れてもらえなかった。

ことに戊辰戦争に入ると松平定信の血を引く譜代大名の老中として、勝静は徳川宗家に殉じることを決意していたので、備中松山藩士としての方谷との間には忠誠心の向かう標的が大きく違っていたのである[1]。考え抜いた方谷の献策は緊迫した政変の暴力におしつぶされて、一つも採用してもらえず、方谷は深い悲哀感を抱きながら勝静の愛刀をいただいて別れを告げ松山に帰国した。慶応三年八月のことであった。

（二）乱世と教育

さて幕府崩壊を予見し、世事の儚さに打ちひしがれていた方谷にとって、今なすべき喫緊の課題は何であったろうか。幕藩体制の崩壊による社会秩序の混乱は避け難いものであるから、その動乱の中を生き抜くためには有効な武器が必要となる。それはいかなる困難にも耐えることの出来る強靭な意志を育て、理知的に生き抜く力を身につけさせること、すなわち「教育」こそ最も必要なことであると考えた。

方谷はもともと農民（先祖は武士）の出身でありながら藩の要職につくことが出来たのは学問の力で藩校の会頭、学頭になれたからである。それ故、方谷は教育の意義を身をもって感得していたから、今こそ志あるものすべてに教育をつけ、国難を乗り切らねばならぬと考えた。

この頃（明治四年）方谷は新政府から出仕を要請されている。使者は木戸孝允の意を受けた愛弟子の川田剛であったが、堅く断わった。また明治五年には岡山に新設された漢学塾の教授を要請されたが断わり、かわりに閑谷学校の講師を引き受けた。あらゆる栄達名利を避け郷学に余命を捧げるのが方谷の生き方であった。

（三）　教育の理念

王陽明は死の直前に「良知」の内実は「真誠惻怛」であると言い残して逝去した。方谷もまたこれを重く受け止め、最重要な行為理念とした。方谷はこれを二人の愛弟子（河合継之助と三島中洲）との別れに書いて贈っている。

重要なことは、こうして創成され、継承される「至誠惻怛」という理念は陽明学のキーカンセプトである「大虚」「気」「理」「良知」などに見られる形而上学的、哲学的あるいは非経験的な装いを脱ぎ捨てて、日常的、経験的、検証可能な概念となった。

こうしてわれわれは「陽明学の日常化」すなわち陽明学の形而上学的、神学的要素を括孤にくくって、日常的行為理念あるいは生活信条に創り変えることが出来るようになった。

このような「至誠惻怛」を方谷の教育理念として捉え、これが多くの使徒達に継承されていった軌跡を追ってみよう。[2]

（四）　至誠惻怛

ところで至誠惻怛とは、言うまでもなく、「誠意をもって人に接し、いつくしみをもって人を救うこと」である。したがって至誠と惻怛に分け、そうした心のあり方の結合と考えられるが、もう少し詳細に考察してみよう。

それはいつくしみの向けられる対象をどのように考えるかということである。もちろん、いつくしみはすべてに向けられてよいが、方谷が具体的に考え、実践したのは、すべての人に同様にではなく、生活に困窮している人、差別に苦しんでいる人により多く、向けられている。方谷が民生刷新に力を尽くし、士民撫育に努めたことがその証拠である。

そこで至誠惻怛を次の三つ

① 至誠（まことの心）

② 惻怛（痛み悲しみ、いつくしむ心）

③ 差別されたり、生活が困窮している人々へ、より貧しい人へとし、これら三つの要因を組み合わせて「まことの心をもって、生活に困窮し差別されている人々へ、より深いいつくしみの心を捧げる」こととする。

これが方谷の教育理念である。

明治以降において方谷のこの理念を継承して教育の場において実践した人として、進鴻渓、荘田霜渓、吉田寛治、岡本巍、谷川達海、村上作夫、川田剛、三島中洲らがいる。(3)

二 有終館・牛麓舎で学び高梁で奉仕した人達

(一) 進鴻渓

① 牛麓舎に入る

進鴻渓（昌一郎）は備中松山藩の庄屋の家に生まれたが、十二才の時、かって方谷が師事した新見藩の丸川松隠の塾に入り秀才の誉が高かった。十八才の時、山田方谷の牛麓舎が開かれると、その第一期生となった。

十九才の時、彼は江戸に遊学し　佐藤一斎に学び昌平黌に四年間在席した。帰省すると川面に私塾を開いて弟子の教育に当たった。

②　方谷の推薦で松山藩士となる

二十五才の時、山田方谷の推薦により三人扶持として藩士に召し抱えられた。その六年後、八人扶持に加増され、有終館の会頭に登用されたので、川面から松山城下に移り住んだ。

③　有終館の学頭となる。

安政三年には方谷の後を受けて有終館の学頭に就任した。また翌四年には、方谷の命によって三島中洲を松山藩に仕官させている。安政六年には、山田方谷の教えを請いに松山を訪ねて来た越後長岡藩の河井継之助の面倒を見て他国の傑物を知った。

そのあと文武目付、吟味役、撫育局総裁、隣好方などの要職についた。

④　戊辰戦争後の活動

戊辰戦争に敗れた後、松山藩は数々の苦難に耐えて無血開城を果たし、明治二年九月には、松山藩は二万石に削封され、高梁藩として復興した。

新藩主板倉勝弼は進鴻渓を権大参事に任じたが、進は不運にも発病したので職を辞し、家督も息子に譲り、教育者として生きることを決意した。

⑤　高梁を去り教職につく

進は高梁を去り、岡山の天城中学に勤め、そこから堺の師範学校へ移った。さらに栃木県の師範学校へ移って教頭を務めた進は地元の有志の願いで明治十五年十一月、漢学塾「栃木義塾」を開設している。

その塾へ東京で二松学舎を経営している三島中洲が長男の三島桂を入塾させてきた。三島桂は反抗癖の強い問題児であったが、進の包容力のある指導によって勉学の徒に急変し、猛勉強のあと東京大学の古典講習課に入学を許された。

⑥　病を得て帰郷し塾を開く

さて進は程なく病を得て帰省した。そして病を養いながら私塾を開いて子供達を教えた。最後まで進は教育者であった。

郷土の人達は、郷学に余生を捧げた山田方谷を模範にして、ひたすら栄達名利を避け教育者に徹した進鴻渓こそ、誠の山田方谷の後継者であると評している。(4)

(二)　荘田霜渓（賎夫）

①　有終館で学び江戸で遊学し会頭になる

荘田霜渓は有終館で進鴻渓、服部犀渓に師事し、そこの句読師となる。安政年間江戸に遊学し、幕府の儒員林晃に従学し、昌平黌でも学んだ。帰藩すると有終館の会頭および督学となる。

②　明治維新後藩の役人となり家塾を開く

維新後は副文教官となり、板倉勝弼の補佐役を務めた。明治四年に藩が県になったのでその年自宅で家塾を開く。この時期に後に牧師となって活躍した二宮邦次郎がこの塾で学んでいる。またこの頃、荘田は方谷に師事して陽明学を学び朱子学から陽明学者に転じた。さらに明治七年に美咲町に温知館が開校されると荘田も教授として迎えられた。八年になると服部犀渓が職を辞したあと、山田方谷の推薦によって、霜渓が塾頭となった。

③　再興された有終館の館長となる

ところが明治十二年、有終館が再興された。荘田は高梁に呼び戻されて有終館の館長となった。

④　荘田の人柄

明治二十年、霜渓が死去すると共に有終館も消滅した。霜渓の人柄は温順勤厚、利にとらわれず質素で常に子弟の教育に力を注いだ。

荘田もまた方谷の生き方に倣って教育者として献身した人である。荘田が指導した有終館から多くの英才が巣立ち東京の三島中洲の二松学舎に進学している。(5)

(三) 吉田寛治

① 有終館で学び江戸遊学

吉田寛治は有終館で方谷に学び、その後、江戸に遊学し、江戸藩邸の学問所の学督を務めた。

② 大政奉還と時局収捨意見を藩主に届ける

慶応三年十月大政奉還がなされると、その年の暮山田方谷の命を受け、元締役の神戸謙二郎と共に時局収拾案を老中板倉勝静に届けた。さらに勝静の命により、会津・桑名の説得に当たったが時すでに遅く、戊辰戦争に突入した。

③ 明治維新後に帰国し塾を開く

その後高梁に帰り間之町に漢学の私塾「静観自得舎」を開き、四、五十人の子弟を教えていた。

④ 明治七年小学校訓導、十一年校長

明治七年高梁小学校訓導となり、十一年には学校長に就任した。したがって小学校付属裁縫所教員の福西志計子にとって吉田は方谷門下の兄弟子であるとともに、小学校の上司であった。

⑤ 裁縫所におけるキリスト教の講演会

明治十二年十月四日、高梁の「開口社」の招きで中川横太郎、金森通倫、宣教師ベリーが「風俗改良講演会」を高梁小学校付属裁縫所で開催した。これは高梁における最初のキリスト教の説教であった。続いて十三年二月に新島襄によるキリスト教の演説会が同所で行われた。

たぶんこれは他に会場提供者がないなかで福西志計子が企画実行し、小学校教員の二宮邦次郎が支援し、吉田寛治校長が許可して実現したものであろう。

このあと福西は私立裁縫所を立ち上げ、やがて女学校を創立したがその際、校名の考案を吉田寛治に依頼した。吉田は古典を参考にして「順正」を提案した。こうして順正女学校が出来上ったのである。

したがって山田方谷→吉田寛治→福西志計子→順正女学校は重要なつながりを持っている。

吉田もまた山田方谷にならって終生教育者であった。(6)

三　閑谷学校で学んだ人達

(一)　岡　本　巍

岡本巍については『閑谷学校ゆかりの人々』の「私立中学時代の校長を務めた岡本巍」を参考にしてまとめてみよう。

①　閑谷学校を再興し監学となる。

明治三年（一八七〇）岡山藩庁は新たに議事院を設立したが、二十一才の岡本は議員と書記に任命された。翌四年岡山県庁は学制を改革しようとして検討したが、岡本は和・漢・洋の三本建てにすることを提案したところこれが採用されたので岡本は和・漢の教育施設の再興を掌ることとなった。やがてこれを辞任し備前各郡小学取締を命じられた。

さらに五年には中川横太郎、谷川達海、島村久と話し合って閑谷学校の再興を計画して実現し閑谷精舎と称した。岡本は谷川・島村とともに閑谷学校に入り、方谷に陽明学を学び生徒を監督した。

②　方谷に可愛がられる。
方谷は明治六年から明治九年まで春・秋二回それぞれ一か月ほど、陽明学を講義した。方谷は岡本、谷川、島村に対して懇切丁寧な指導を行い、各人に親切なアドバイスを与えたので、三人は深い感銘を受け、心酔した。
③　方谷の講義録の出版
岡本は自らの閑谷学校における講義録を明治三十五年に『師門問弁録』として公刊した。これには方谷が閑谷学校で行った陽明学に関する講義が記録されているのできわめて貴重な資料といえよう。
④　十年六月京都に遊学
岡本は十年六月に方谷が病没すると八月には京都に遊学し、翌年には東京に遊学した。
明治十一年岡本は吉野郡長に任命されたが十四年には病気により辞任した。
⑤　再び閑谷学校の再興をはかる
この頃から再び閉校となっていた閑谷学校の再興を計画し、十七年には閑谷保黌会の会監となった。十七年八月には閑谷黌が再興され西毅一が教頭に就任した。二十年には再び保黌会の会監となる。
⑥　三十七年私立中学閑谷黌の校長となる。
明治三十六年閑谷黌は私立中学と改められ、西毅一が校長となったが、三十七年に亡くなったので保黌会に依頼され、私立中学閑谷黌の校長に就任した。

校長に就任した岡本はまず生徒の風紀振粛のため校規を改正し、生徒の徴兵猶予の特典を得るため文部省に赴き、特別認可の特典を得た。その後、岡本は保黌会を代表して私立中学閑谷黌の設立者となったが、明治四十一年校長を辞任し、池田家史編纂に従事した。

⑦　岡本巍の思想

岡本の思想は方谷の陽明学に従うものであった。すなわち「気一元論」によってあらゆる現象を説明しようとした。したがって「天道」は陰陽の気が生々運行して万物を育み、「人道」はその気を得て性となし、その性の本然に従えば仁・義・礼・智になるとした。また具体的な工夫としては良知の知る所を致し、意の事実を正すことによって、心を虚しくして心の滞りを去って誠意実践すると考えていた。(7)

岡本巍は方谷の教えを守った教育者であった。

(二)　谷川達海

①　方谷の長瀬塾に入門

谷川達海は嘉永五年岡山藩士の子として生まれる。明治三年十九才の時、谷川家の養子となる。

慶応四年西毅一の私塾に入るも戊辰の役のため、塾は解散した。そこで谷川は戊辰の役後、賊の汚名を着せられ当時岡山藩士の遊学先とされてない備中松山藩の山田方谷の長瀬塾に自費遊学を願い出て許され、明治三年五月、松山の長瀬塾に入門した。時に谷川十八才であった。六十六才の円塾した方谷を生涯の師と思い定めたが、わずか六か月後に、方谷の塾は新見に近い小阪部に転居したため谷川はやむを得ず岡山に帰った。谷川にとって方谷は見果てぬ夢となった。

②　閑谷学校を再興し監講となる

さて伝統を誇る閑谷学校は廃藩置県のため明治四年廃校となった。谷川は中川横太郎、岡本巍、島村久らと話し合い岡山に立派な漢学支塾を創り、山田方谷を招聘したいと考え、中川横太郎らが小阪部に方谷を訪ねて要請した。すると方谷は高齢であることと、小阪部に塾を営んでいることを理由に要請を断わった。しかしもし閑谷学校を再興するなら協力すると語った。

思いがけない方谷の提案に驚喜した一同は大急ぎで再興に奔走し、旧藩主の池田家から金弐阡円の寄付金を仰ぎ努力した結果、明治六年二月に工事も完了し、中川、岡本、谷川の三人が小阪部へ方谷を迎えに行った。谷川にとって見果てぬ夢が現実のものとなった。

明治六年再興とともに各地から閑谷へ集まった生徒は二十七人であったが、しだいに増加し、百人に達したという。村上作夫、島村杏搗、岡本巍、谷川達海は最も熱心に勉学した。

豊後国森旧藩士村上作夫は学頭（塾長）を務め、島村、谷川、岡本らは監講を務めた。

谷川等は学習にいそしむだけでなく、閑谷精舎の維持管理、生徒の統監にも任じた。また方谷のために熊沢蕃山の旧宅の近くに草廬を作り休息を楽しませている。

③　方谷に教戒と名と号をもらう

明治七年六月中旬、方谷師は「棋喩」と題する一文を作り、谷川・島村・岡本の三人に興味深い教戒を与えている。谷川は当時、名が定次郎、字《あざな》が達海であったが、方谷先生に名と号をつけて下さるようにお願いしたところ、方谷はその字《あざな》達海にちなんで名に盈進、号に原泉とつけ与える。そして本《もと》を大切にせよ誠を本とせよ、原泉をさらに一等をすすめ海に向かえよ、達海勉めよ、勉めよ、と激励された。方谷の熱い思いが察せられる。

④　台湾事件に動く

時あたかも日本と清国の間に台湾事件が起こり岡山でも有志千人余が国難に殉じようと動きだした。血気盛んな谷川らは安閑としておれず、谷川と岡本の二人が西毅一に従って上京する。これに対して方谷は「谷川・岡本二子の東京に赴くを送る、谷川子将《まさ》に海事を学ばんとす」と題する詩を贈って谷川の上京海事勉学を励ました。

秋十月には清国行きの気運はさらに高まり島村・谷川・岡本の三人が長崎に着いた頃、日清の国交が旧に復したので、谷川と岡本は帰国したが、島村は視察と語学修得のため清国に渡航した。

⑤　岡山県庁に勤める。

明治八年になると、地租改正が実施され、高崎県令が赴任し大量クビキリが実施され、岡山にとっては大変な年となった。そんな時、両備の三君子（谷川・岡本・島村）として人望のあった谷川に誘いがかかったのは当然のことであった。

方谷は谷川と岡本に対して

学は実用を貴び紛紜を戒む
財利兵刑、専勤を要す
更に劈頭王覇の別あり
昭々たり抜本塞源の文

と経世の道に進むことを勧めた。

谷川は明治八年十二月二十五日、岡山県十五等出仕（月俸二十五円）に補せられた。九年には十四等へ昇進し、学事勤務から民事掛となりやがて司法省へ転任、岡山支所勤務となる。

⑥　西南役に従事したあと上京法律を学び代言人となる。

ところが明治十年二月西南戦争が起こると、杉山岩三郎、加藤次郎、西毅一らの檄に応じ現職官員を辞して従軍志願した。

戦争が終わると再び官員に帰った人もいたが、谷川は再度の仕官を考えず、十年に上京し法律学を二年修め、十三年代言人（弁護士の前身）の免許を得て岡山に帰り開業し、初代代言人組合長に推され、二期も務めた。

⑦　士族授産に献身

谷川は士族授産に献身する。西毅一が社長を務める微力社に十三年に中川横太郎と共に取締役を引き受ける。干拓を計画したが事業は好転せず十五年九月に微力社は解散した。谷川はその年のうち微力社を改組し、有終社を設立し花房端連《まさつら》を物代とし自ら代理となった。

⑧　岡山紡績所

岡山池田家三代士族授産事業の一つで十三年設立の岡山紡績所は営業のため流動資産が枯渇し経営が悪化した。十七年には組織替えして岡山紡績会社とし新庄厚信社長をよく助けた。その一年後十八年には谷川が二代目社長に推され、岡山随一の会社社長としての確固たる地歩を築いた。二十二年には旧友岡本巍を取締役に迎える。

⑨　岡山市会関係の公職につく

岡山市会関係の公職に推される。二十二年六月岡山市最初の市会議員選挙で当選、さらに市参事会員に選ばれる。二十六年四月商業会議所初代会頭に選ばれ、次いで翌二十七年四月には三代目岡山市議会議長に選ばれた。その他、多数の会社に参画して実績を残している。

⑩　岡本と協力し閑谷黌を守る

谷川は経営に多忙ななかでも閑谷学校の歴史と伝統を守ることに協力している。前校長西毅一の遺志を継いで岡本巍が三十七年四月校長となり校名を私立中学閑谷黌と変更したが四十年に重大な危機が訪れる。それは閑谷を県立師範学校に移管する試みが実行されようとしたからである。この試みは岡本巍の猛反対によって阻止されたが、岡本も四十一年に辞任した。しかし谷川は岡本を助けて閑谷学校の保黌会を守った。

紡績業界は次々と合併が行われたので四十四年には紡績業界からも身を引いた。

⑪　谷川の思想

谷川は最初陽明学を学んだあと修禅したがそれでも意に満たぬものがあった。ところが実業界を離れ閑静になると専ら心上の工夫をこらして再び熊沢蕃山、山田方谷に還えっていったという。

⑫　大正四年釋菜（孔子祭）の講師に招聘され論語の一節を講じ、あわせて平素の研究の一端をのべたところ参会者に大きな感銘を与えた。そこで九年六月にはそれを刊行した。

谷川達海は方谷の教えをよく守り、実業界においてこれを実践して見事な人生を生き抜いた人であった。(8)

(三)　村上作夫

①　村上作夫の生い立ち

村上作夫は豊後一万四千石森藩の藩士の四男として生まれた。幼い頃から聡明で神童との誉れが高かったという。幼い頃から森藩の園田鷹巣に師事し、十六才のときには、すでに『通鑑綱目』一五〇巻を読破していたと言われている。

②　陽明学を学び動乱期に活躍

十八才のとき杵築の元田竹渓の塾に入門して実力を認められ塾頭になった。二十才のとき秋月藩の碩学で佐藤一斎の高弟中島仲強に師事し本格的に陽明学の研究に入った。その後幕末の動乱期に入ると藩に帰り子弟の教育にあたるかたわら、鹿児島に赴いて砲術学も学び二十才そこそこで藩政に大きく貢献した。

③　東国漫遊

その後彼は病にたおれたが、それがいえると明治四年、東国漫遊の旅に出た。その最初の目的地が備中松山の陽明学者山田方谷であった。

この時期、方谷は小阪部に居たが、陽明学と詩学の修業を積み、教えを乞うこと三か月、作夫は方谷先生のもとを去り京都に向かわんとしたところ、方谷先生はなおここにとどまるように頼まれた。

④　方谷先生のすすめ

先生によると、私（方谷）はすでに数十年経伝の研究を続けており、門弟も極めて多数におよんでいる。年令もすでに古稀に達しようとしている。しかしながら、経伝の本質について議論し合う人を得たことがない。今幸いにして君が来てくれたのでとても楽しく思っている。学資は一切いらないからもう少し滞在し、共に研究し共に議論をしてくれと頼んだ。

⑤　閑谷学校の学頭となる

実はこの時期は閑谷学校が開校され、方谷が六年春から督学として講義した時期に当たっており、村上作夫はしばらく学頭（塾長）に任じられ、学校の運営者の一人となった。そこで村上作夫の学習活動が、岡本巍が明治三十五年に出版した『師門問弁録』の中に記録されていることは五章でふれた。

作夫の質問に答えて方谷は、古今の変遷を知るのは泰西の学が長ずるところで、漢学者には往々泥古の弊がある。しかし陽明学は古今の変遷に最も通じている。このことはまさに気のなかから条理が生まれるという認識からおこったもので、これが良知説の本質であると強調している。

⑥　方谷に洋学の必要を教えられ学校を創る

この問答を通して村上は、方谷が西洋の学問の長所を的確に理解し、高く評価していることを知り、改めて洋学に対する関心をよびさまされ、心機一転、断髪して洋学の学習に打ち込んだ。そして明治七年には中津の村上田長や江藤孝本らとともに、和漢洋兼修の学校を耶馬渓羅漢寺の指月庵に設けている。

⑦　晩年

村上作夫は明治十年再度の上京の途上、方谷を訪ね、ほしいままに論談し、お互いに意気投合したが、方谷はその年に没した。村上は京都に出てから当時の商務大臣松方正義に抜擢されて農商務省に出仕し、官僚の出世コースを歩み始めたが、東京で吐血したので、療養に努めたがその甲斐なく明治十八年、療養先の紀州で没した。

方谷と村上作夫の関係は短期間の交わりであったが、学の蘊奥をつくして語り合うまことに密度の濃く美しいものであった。(9)

四　維新後に東京で活躍した人達

（一）　川田剛

①　明治維新の動乱と川田の活躍

備中松山藩領の飛地であった玉島育ちの川田剛は鎌田玄渓に学んだので方谷の直接の弟子ではない。しかし三島中洲のすすめで、方谷の推薦によって松山藩士に取り立てられたものであったから、その恩義に報いるため、維新の動乱においては一身をなげうって藩主の救出にあたり、また取り潰しの危機にあった藩の復興のために大活躍をした。

ことに箱館から外国船で救出されて江戸に帰った旧主板倉勝静は新政府への自首をいやがった。その勝静に自首をすすめ「もし新政府が殿に死罪を申し付けるようなことがあれば、自分も即座に切腹します」と声涙ともに下る至誠の心情を訴えて納得させた上で勝静の自首を実行させた。このことからしても川田剛こそ真の忠臣であったことがわかる。明治二年高梁藩の復興がなるといち早く東京の旧藩主の側に移りよく面倒をみた。勝静は五年には許されて自由の身となったが、心の底から川田を信頼していたらしく、明治二十二年死の間際に、川田に死後も側に居て欲しいと遺言した。これに応えて、明治二十九年川田の遺骸は駒込吉祥寺の勝静の近くの墓に納められており、美しい君臣の交わりは永遠に続いている。

話はさかのぼるが、松山藩士となった川田剛は、江戸の藩邸の学問所の学督となり、町でも漢学塾を開いていた。その頃、上州安中藩（板倉）の新島襄とその弟が川田剛の塾で教えを受けている。さらに川田は新島襄の箱館行の許可をもらう手助けをして新島の日本脱出を可能にした因縁がある。

② 東京に出て漢学塾を

このように川田は江戸で漢学塾を開いていた経験があったから、明治二年、旧松山藩が五万石から二万石に削減され、高梁藩として復興したことを期に、高梁を去って勝静のいる東京に出て漢学塾を再開し旧主を助けた。

③ 大政官に仕官

川田剛には天与のきわめてすぐれた漢文章作文の才能があった。その才能が認められて明治三年、川田剛は新しく設けられた「二年大学校」の「大学少博士」に任命された。その後、たぶん木戸孝允の推薦で、大政官正院五等の「権大外史」に任ぜられこれが約二年続いた。これは今日で言えば内閣書記官に当たるものであった。

④ 大政官から修史局へ

明治五年七月に再び大政官に復り歴史課に勤める。明治八年には修史局一等修撰に任ぜられた。さらに明治十年には修史館一等編集となった。この時期、日本の二大文章家として、鹿児島出身の重野成斎と覇を競った事実はよく知られている。

⑤ 宮内省・東宮御用係・東大教授・貴族院議員

川田は明治十四年には宮内省に出仕することになった。その後、諸陵頭となり歴世の御陵の調査にあたったが、明治二十六年九月には東宮御用掛となり寝食を忘れて侍講を務めた。その後、東大教授の任につき貴族院議員、宮中顧門官にも選ばれ、まさに位人臣を極めたといえよう。

その中でも特に大正天皇が皇太子の時漢詩文を指導したことは留意されてよい。大正天皇は病弱で天皇在位中さほどの治績はなかったとされているが、漢詩文には異常な才能を示したと言われる。その皇太子の漢詩の指導をしたのはまず川田剛であり、これを引き継いだのが三島中洲であった。山田方谷同様、類い希な漢詩の文才を持った二人の旧備中松山藩士が、大正天皇の漢詩文の才能を培った事実は記憶されてよい高梁の誇りである。(10)

(二) 三島中洲

① 山田方谷と三島中洲

三島中洲は天保十四年(一八四三)十四才で備中松山の方谷の家塾「牛麓舎」に入門した。そして安政四年、備中松山藩へ仕官した。

② 有終館の学頭となり要職を兼ねる。

松山藩士となった中洲は安政四年江戸へ遊学して帰国すると禄高五十石で藩校の会頭に任命された。その後再び江戸に遊学したが、文久元年四月に帰国すると吟味役格に任じられ同時に有終館の学頭に就任した。そして学制を改革して洋学に扉を開いた。また家塾「虎口渓舎」も開設した。こうして藩儒の地位を確立したが、そのあとも西国探索、軍艦奉行、吟味役、洋学総裁を兼ね藩の枢要な役職を務めた。

③ 備中松山藩の危機と三島の活躍

ところが藩主板倉勝静は老中首座として将軍慶喜の側にあったので鳥羽伏見の戦いのあと、松山藩は朝敵とされ追討軍を向けられた。藩は恭順の意を示して謝罪使(大石・三島・横屋)を派遣した。鎮撫使は謝罪書を要求しその草案を示した。その中には「大逆無道」の四字があったが、それを見た方谷は、この四文字を除かないと私は割腹するとの覚悟（方谷は遺書を書いていたという）を述べた。方谷の決意を知った鎮撫使はついに「軽挙暴動」に代えてこれを許した。追討軍は藩の領域を一年八か月にわたって占領した。占領下の松山で直接の指揮を取ったのは三島であった。まず板倉勝静父子の行方がわからないので、松山藩を再興するため、後嗣を立てなければならなくなった。そこで親戚に当たる板倉栄次郎（勝弼）を迎えて継子とし藩の復興を願い出た。

他方箱館に居た板倉勝静を外国商船を使って救出することに成功した。勝静はだまされた事に怒ったが、家臣の説得に屈して自首したのは明治二年六月であった。

そのあと領民あげての請願が実を結び、ようやく九月、備中松山藩は五万石から二万石に削られて復興した。十月には高梁と改名させられた。

④　板倉勝静の特赦と司法省出仕

明治五年正月には朝廷から特赦が出て旧藩主板倉勝静がようやく自由の身となった。方谷・中洲を始め戦乱の地から旧藩主救出に苦労した旧家臣達の喜びは筆舌に尽くし難いものであった。

これに続いて七月には中洲に対して明治政府から、司法省へ出仕せよとの要請があった。今回は旧藩侯父子が恩赦を受けたことでもあるから、朝廷の勧めに応じて天恩に報ずるべきかと考えて、このことを方谷や親戚朋友に相談したところ、みな賛成したので八月には上京することになった。

山田方谷は中洲の出仕の決定にあたって、次の書簡を与えている。

> 足下就任の後、いやしくも事を処するに至誠惻怛、国家のためにするの念に出でずして、名利のためにするの念に出でなば、たとい震天動地の功業あるも、また一己の私を成すに過ぎざるのみ。

方谷は自らの教育理念を愛弟子三島中洲に伝えたのである。

三島は明治五年九月、司法省へ出仕し、六年に新治裁判所長、八年には東京裁判所に転じ、九年には大審院民事課の判事となった。

⑤　方谷の死と辞職そして二松学舎の創設

しかし十年六月に山田方谷の死去を聞いたあと辞職して帰省し、方谷の墓参を済ませたあと二松学舎を創設し、年来の夢である漢文を重視し東洋の思想をも尊重する教育の砦を創ったのである。すべてが西洋化に向かっての流れのなかで、唯一人守り抜く陽明学の砦であった。

十四才で「牛麓舎」に入門して以来、終始一貫、方谷の教えを受け、藩政業務についても手をとって指導を受けた。動乱の中の藩の危機においては、皆一心同体で当たったが、そこでも常に方谷の判断を乞うている。方谷と中洲は実の親子以上の関係であったといえよう。

⑥　二松学舎の創設

方谷の訃報に接すると中洲はすぐに大審院判事の職を辞した。そして先師亡きあと師の志を継ぎ、西洋化の荒波にあらがいながら、東洋思想を重んじ漢学を基調とした教育、師の思想の真髄を実践するため、邸内に二松学舎を創設した。その際、中洲の脳裏にあったのは松山の「牛麓舎」「有終館」、そして「虎口渓舎」であったに違いない、中洲は備中松山で培った伝統的教育文化を東京で見事に花開かせたのである。

⑦　二松学舎の出身者

二松学舎の出身には次のような人がいる。

・夏目漱石

漱石が一年間ここで漢文を学んだことは確かであり、彼の漢詩の素養となっている。

・平塚雷鳥

平塚雷鳥はここは自分の聞きたいものにだけ出席すればよく、自由な学校であったと書いている。

・植村環

横浜バンドのリーダーとして著名な植村正久の娘で日本ＹＭＣＡ名誉会長を務めた植村環が、大正四年から一年余り二松学舎に通学しており、そこで『論語』を学んでいたおかげで、エジンバラ大学で牧師になる時の学位試験の際にラテン語のかわりに『論語』で受けて学位を取ったと述べている。

・陸軍軍人

二松学舎から育った人材には陸軍軍人が多かった。それは陸軍士官学校が漢文の試験で人を採用したためであった。

・司法省法学校

法学校は大木喬任の意見で漢学を受験科目としたため、その準備のために二松学舎に学ぶ人が多かった。

・備中松山（高梁）出身者

明治新政府は明治四年に廃藩置県を断行したため、備中高梁の藩校有終館は閉ざされた。明治五年には学制頒布がなされ、翌六年には高梁小学校が創設された。そこで多数の私塾や寺小屋もしだいに消滅に向かった。

三島中洲は明治五年に上京し法務省に出仕した。中洲は東京に在っても備中高梁のことを忘れることは出来なかった。ことに故郷備中高梁に漢学の火が消え、また中学校が存在しないという状況を黙視することは出来ず、中洲は皆と相談し、有終館の再興を計った。そして十二年には有終館は再興された。館長は荘田賤夫であった。荘田館長の門下から数多くの英才が育ち、二松学舎に向った。例えば井上公二、国分三亥、桜井熊太郎、西村豊、熊田鋏次郎、荘田要次郎、小島鎰三郎、山田準、奥忠彦らである。

二松学舎は明治十四年には学生数三百人となり、福沢諭吉の慶應義塾、中村敬宇の同人社と並んで三大塾と呼ばれることもあった。

明治大正の滔々たる西洋化、洋学化の流れの中にあって、二松学舎だけが孤塁を守り、日本陽明学の一大拠点として気を吐いたのである。(11)

三島中洲は方谷の教育理念である「至誠惻怛」を見事に生き抜いた教育者であった。

むすび——至誠惻怛

方谷の教育理念の実践者として八名をあげて略述した。

最後にこの人達が方谷の理念である至誠惻怛にかなう人物であったかについて述べてみよう。

(一) 進　鴻　渓

進は地味な村夫子然とした人物であったが、郷里の人達が、名利を求めることなく、ひたすら郷学のために尽くした人として、進こそ真に方谷の後継者だという評が示しているように、至誠惻怛を実践した人といえよう。そうであったからこそ、反抗心が強すぎもてあまされていた三島中洲の長男桂をあずかり、あっという間に勉強家に変身させ、東大古典学科に入学させることが出来たのである。

(二) 荘田霜渓

荘田は晩年の方谷に陽明学を学んだ人であり至誠惻怛の理念をしっかり身につけていた。利得を望まず、ひたすら村の英才の教育を喜びとした。

性質はいたって温容でありながら、権力的利益を求めようとせず、質素を好み豪放であった。その講義振りは沈着冷静な口調で諄々として尽きるところがなかった。しかし彼の口をついて出る言葉は聞く人の肺腑をえぐり、心をゆさぶり、強烈な影響を与えた。

筆者が注目していることは荘田の塾生であった二宮邦次郎の性格がなんとなく荘田の性格に似ていることである。二宮は高梁の小学校の教員であったが、明治十三年二月、新島襄が高梁にキリスト教の伝道に来た時に会い、そのあと同志社の神学速成コースに入学して伝道師となり、十五年高梁基督教会を設立したあと、今治教会で勤め、松山教会を創立した人物である。荘田はこのような人材を育てた教育者であったと思われる。

(三) 吉田寛治

吉田寛治は有終館で山田方谷に学び、そのあと江戸に遊学して江戸藩邸の学督を務めた。

幕末には帰省し、山田方谷の命を受け時局収拾意見十ヶ条を持って板倉勝静のもとに届け、翌日会津・桑名へ説得に出かけたが時すでに遅く、鳥羽・伏見の戦いを止めることは出来なかった。明治維新後は家塾で教えていたが明治七年から高梁小学校で教員となり、十一年から校長を務めた。

明治以後において、吉田寛治の教員としての役割として重要な事件は、小学校付属の裁縫所において福西志計子がキリスト教の伝道集会の場を提供したいという願いを認可したこと、およびその後において、福西のキリスト教活動を支援したことである。高梁にキリスト教会が出来たのはここから始まったのであるから、吉田寛治の決断は極めて重要であった。さらに福西に頼まれて学校名を「順正」と決めたのも重要なはたらきであった。

(四) 岡本巍

岡本は中川横太郎や谷川達海などと計って閑谷学校を再興して山田方谷を迎えて講義を再開した。閑谷学校を運営したのは彼ら自身であった。しかし明治十年に方谷が死去したあとは京都や東京に遊学したあと、同志社で漢学の講師を務めたが、やがて再び閑谷学校の経営にあたり、閑谷中学校の校長を務めた。

岡本の果たした役割のうちで重要なことは、明治三十五年に閑谷学校における山田方谷の講義録を出版したことである。このため、方谷の講義内容が後世に伝えられたのである。この貢献は重要である。

岡本は方谷に心酔し、生涯その教え、至誠惻怛を守り通したすぐれた教育者であった。

(五) 谷川達海

谷川達海は明治三年、誰もが敬遠した備中松山の長瀬塾に入門して山田方谷の教えを受け幸せをかみしめたが、残念なことに、方谷は家族の事情で六か月後には小阪部に住居と塾を移した。そこで谷川はやむなく岡山に帰った。ところが不思議な縁で、五年には谷川自身が閑谷学校を再興し、そこに方谷を迎えた。

達海は方谷に心酔した。方谷の説明する陽明学を絶対の真理と受け取り、教えに従って生きた。

台湾事件が起きると岡本や谷川達は志願して国難に殉じようとすると、方谷はそれを抑圧するどころか、詩を捧げてその志を賞讃した。方谷は岡本や谷川を実の子以上に可愛がっている。二人は生涯、方谷を敬愛してやまず、陽明学的生き方を貫いた。

方谷にとってこれらの愛弟子に会えて閑谷学校はまことに至福の時であった。

谷川は岡山の実業界で活躍したが、誠を貫き、他人への愛を実践した。まことに至誠惻怛の生涯であった。

(六) 村上作夫

村上作夫は豊後森藩の儒者で陽明学を研鑽していたから、二十九才の時東国漫遊に出たが最初に小阪部の方谷の所を訪ねた。三か月ほど陽明学と詩学を学んで、京に向かおうとした所、学費はいらぬからもう少し滞在するようにと方谷から勧められた、村上は方谷と経学の本質について対等に論議出来る人材であった。そしてその時期、たまたま閑谷学校が再興されたので村上も閑谷学校へ同行し、塾長を務めている。

また村上は方谷との問答から、意外に方谷が洋学を高く評価していることに驚き、一念発起して髪をおろし、洋学の勉強に打ち込んだ。

そして明治七年には耶馬渓の羅漢寺の指月庵に和漢洋兼修の学校を設けている。

また明治十年、上京の途中に方谷を訪ね心いくまま論談し喜びを分かち合ったという。

村上は備中松山藩以外の少壮学者であったが、晩年の方谷にとって同学の士として心を通わせ合った貴重な人材であった。村上は方谷をいたく尊敬し、誠の心をもって生きた希有の人物であったが、八年後には若くして病没した。

(七) 川田剛

川田剛は玉島の出身で鎌田玄渓に学んだ。川田は若輩の頃から異常な文才の持主であったので、師の鎌田は私が教えることは何もないから、早く上京してもっと優れた師につくようにすすめたそうである。梅檀《センダン》は二葉より芳しかったようである。

その川田を三島中洲の勧めで松山藩士に仕官させたのは方谷であった。川田はまず江戸で学び藩邸学問所の督学を務めたが、維新の動乱期には目ざましい活躍をした。

その一つは藩主板倉勝静の救出と自首の事件である。箱館に居た勝静を山田方谷は外国船を雇い勝静をうら切って救出し東京へつれ戻したが、北海道の山野に朽ち果てる覚悟をしていた勝静はいくら勧めても、自首しようとしない。困り果てていた時、川田は「新政府側がもし殿に死罪を給うなら、即刻私も割腹しておともします。ここは是非自首して下さい」と声涙ともに下るお願いをしたところ、勝静もややあって、気を取り戻し自首したという。涙の説得が功を奏したのである。

その二は藩の再興のための継子探しである。

戊辰戦争に敗れたため備中松山藩は朝敵となり征討軍をさし向けられ城下は占領された。勝静は藩主を辞して勝全に譲ったが動乱のため父子とも行方不明となった。そのままでは取りつぶしの危険に直面した。国元の方谷達は萬やむを得ず板倉家の血脈の継子を立て再興を願い出ることになった。ようやく板倉勝弼を立てることにしたが、江戸方面から敵中を備中松山までつれて来るのが大仕事であった。この仕事をしたチームの一員が川田剛であった。関所では安宅《アタカ》の関の弁慶よろしく大演技をして無事勝弼を江戸から備中松山まで届けることに成功したのである。そこで無事松山藩は高梁藩として再興することが出来たのである。川田の果たした役割は大きい。

川田は藩の再興がなると、禁固刑に服している勝静のもとに急ぎかけつけて面倒をみた。川田は随一の忠臣であった。喜んだ勝静は死後も側に居てくれと遺言したという。七年後に亡くなった川田の遺骸は駒込の吉祥寺の勝静の墓の近くの墓に収められた。

川田の方谷評は川田の心情を最も正しく表現しているように思える。「方谷は中江藤樹、熊沢蕃山、佐藤一斎の三人の長所をすべて備えており、おまけに三人の短所を持たない、彼ら三人とは別世界を築いた。日本広しと言えどもこれほど偉大な陽明学者はいない」（入門　山田方谷七五頁）

これほどの讃辞があり得るであろうか。

川田は藩主の勝静に対しても恩師方谷に対してもまことに至誠の極みをつくした大学者であった。

（八）三島中洲

山田方谷が数ある弟子の中で最も信頼したのは三島中洲であったと思う。方谷は弘化四年に津山藩に洋式砲術を学びに行った時牛麓舎に入門してまだ四年しかたっていない十八才の中洲をつれて行った。やがてしばらくすると、三島は牛麓舎の代講を務めるようになり、三年後には塾長に就任した。方谷は中洲を深く信頼していたし、中洲の方谷への敬愛の念はまさしく特別なものであった。

山田方谷が深刻な挫折感と悲哀を味わったことが二回あった。

方谷は勝静が老中になると顧問として諮問にあずかっていたが、慶応年間になると政治情勢は緊迫し、幕閣の論議も静かな議論ではなくなってきた。方谷の数多くの献策も一つも採用されることはなかった。そして慶応三年八月には勝静と別れて方谷は帰国した。その時の心情は深刻な挫折感を味わい、悲哀感を味わった。

二回目は、明治五年旧藩主の勝静が許されて自由の身になったが、間もなく三島中洲が勧誘を受けて法務局に仕官するとの知らせを受けた時であった。明治二年に川田剛が東京に向かい大政官に仕官したが、今度は最も可愛がっている三島中洲も東京へ行くという。方谷は底知れぬ淋しさを味わった。言葉につくせぬ淋しさが方谷の胸をふさいだ。

方谷は中洲に書簡を送ったがその中には

『至誠惻怛』、国家のために尽すのでなければ、如何に大きな業績をあげても意味はないのだ、と書かれていた。中洲に贈る言葉は陽明学の真髄『至誠惻怛』であったのだ。

それから五年後、方谷は死去した。中洲は当時、大審院判事という要職にあったが、あっさり辞職して帰省し、方谷の墓に詣り、東京に帰ると二松学舎という漢学塾を開き、長く陽明学の孤塁を守った。これが三島の、師方谷への恩返しであったのであろうか。

三島中洲は方谷が最も信頼した愛弟子であった。師弟であると同時に実の親子のような一体感があったように思われる。至誠惻怛をそのまま実践した一生であった。

注

(1) 山田方谷顕彰会『入門山田方谷』平成十七年　六二頁
(2) 倉田和四生『山田方谷の陽明学と教育理念の展開』明徳出版社　平成二十一年　二九六－二九八頁
(3) 同　二六七－三〇七頁
(4) 高梁方谷会『高梁方谷会報』平成十八年　一七〇－一七二頁、一九四－六頁
(5) 同　五四－五八頁
(6) 倉田和四生『前掲書』二五四－二五五頁、三〇三－三〇五頁
(7) 高梁方谷会『前掲書』七一－七三頁　『閑谷学校ゆかりの人々』二四四－二四八頁
(8) 同　三〇－三六頁、七四－七九頁
(9) 同　五二－五四頁
(10) 倉田和四生『前掲書』三〇〇－三〇二頁
(11) 高梁方谷会『前掲書』一三七－一三八頁
倉田和四生『前掲書』七章　三一三－三六一頁
三島正明『最後の儒者』明徳出版社　平成十年
石川梅次郎「三島中洲」『山田方谷・三島中洲』日本の思想家41　明徳出版社　昭和五十二年
山口角鷹編『三島中洲――二松学舎の創立者』二松学舎

終　章

山田方谷に影響を受けたキリスト教徒の活動

序　三人のキリスト教徒

これまで方谷の八名の弟子達の教育活動について述べて来たが、最後に方谷に強い影響をうけた三人のキリスト教徒の活動について述べておきたい。

それはまず方谷の隣家に育ち、女性にもかかわらず誰もが認める希有の逸材として牛麓舎に入門を許され教えを受けた福西志計子と、志計子に誘われて高梁教会の牧師になり、同時に順正女学校の講師となったが、志計子が病いを得て死去したあと廃校の危機に瀕するや、自ら後継者を引き受けた伊吹岩五郎である。伊吹は方谷の死後十七年も経ってから高梁教会の牧師として来住した人であるが、明治時代から地元の偉人、山田方谷に強い関心を抱き、郷土史家となっていたが、順正女学校の校長を三十五年間務めて辞任した翌年の昭和五年に『山田方谷』を出版した人である。

三人目の人は高梁出身の著名な社会企業家の留岡幸助である。留岡は同志社で伊吹の二年先輩であった。留岡は方谷に直接教えを受けることはなかったが、郷土の偉人としてその思想を研究してみたいとは思いながら、多忙に妨げられて果たせなかったという。

それが伊吹岩五郎にすすめられて『山田方谷』への序文を書くことで、改めて方谷にまつわる思い出を思い返したのである。

いずれにしても幸助は郷里のコミユニティの教育力によって啓発されていたから、実はいろいろな機会に山田方谷、三島中洲のことを自らの機関誌などに時折り誇りを持って書き残しているのである。

このようなわけで方谷に強く影響を受けた三人のキリスト教徒が何を為したのか、その理念は何であったのか、それは方谷の理念とどのような関係があるかについて述べてみたい。

一　福西志計子と順正女学校

(一)　福西志計子の人格形成

①　父の死

福西志計子は弘化四年（一八四七）備中松山（高梁）藩士の娘に生まれた。七才の時、父福西伊織が死去したため、母飛天子の実家で育った。七才の聡明な志計子は父を失った悲運を悲しんだが決して自暴自棄に陥ることなく、人生において遭遇する困難を思い、これと闘って生き抜くことを心に誓った。この悲劇の体験が志計子の人格の基礎を強めたといえる。

②　母の教訓

ここで母の教えが重要であった。母は悲運に嘆く志計子に対して、「人生には悲劇はつきものです。それと戦って生き抜かなければなりません。夫が亡くなったら妻が一家を支えて生きなければならぬこともあります。その為には強い意志と技能を身につけておかなければなりません。そこであなたも早くから裁縫の技能を修得するため努力することと、教養を身につけておくことが必要だ」と教え訓した。

③　牛麓舎へ入門

そこで志計子は早くから志を立て裁縫の修練に務めることと寺小屋から塾に入りたいと希望した。幸い隣家には山田方谷という備中松山きっての学者の牛麓舎があった。しかし牛麓舎は藩内で最高級の塾であり、藩士でも入門は易容なことではなかった。まして当時は女子は寺小屋までというのが普通の時代である。女子が牛麓舎に入門を許されるということは想像出来ないことである。ところがなぜか志計子だけが女子ながら入門を許された。理由の正確なところはわからないが、筆者の推測するところでは、隣家であったので志計子が異常な能力をもつ人材であることを皆が認めていたから特例として入門を許されたものであろう。

これが志計子にとって特別の幸運をもたらすことになる。

(二)　立志と実践

志計子は志を立て裁縫の技能を身につけるとともに、牛麓舎で漢学の素養を修学中に幕府が崩壊した。動乱の時代であった。志計子は養子を迎えて福西家を再興することは出来たが、幕府は崩壊して大政奉還につづいて版籍奉還、廃藩置県、秩禄公債の交付がなされたものの、下級士族の経済的基盤はあっという間に失われた。

明治六年には高梁小学校が出来たが志計子はすでに二十七才に達していたので、入学するにはいささか年をとり過ぎていたので躊躇し、裁縫塾でもやる他ないのかと思い悩んでいる時、岡山に「裁縫伝習所」が出来ることを知って明治八年に入学し九年に卒業して帰省したところ、九年から高梁小学校に付属の「女紅場」が開設されたのでその教員に採用された。まことに幸運であった。

(三) 志計子の思想

志計子はこの頃すでに相当程度の啓蒙思想に関心を寄せていたようである。

理智的で怜悧な頭脳を持ち、しかも剛胆な意志と実行力を備えていた志計子は、男性に対する劣等感がなく男女は本質的に平等であるとの信念を保持していたようである。

次に男尊女卑の現実に対しては、これを改善していく方法として「女性の地位向上」をはかるべきだと考えた。そのためにはまず女性自身の能力を高める努力がなされることが必要であると考えていた。

第三に女性の地位向上を推進するための手段は女性にも男性と同様に「教育」の機会を与えることである。教育こそが最も重要で有効な手段であると確信していた。

第四に志計子は明治十年代に女性も職業を持ってよいし、少なくともいざという時に職に就くことが出来るようにかねて準備しておく必要があるとの思想をもっていた。

第五に志計子はこわい先生と言われることがあった。それは志計子が生徒に儒教的倫理に基づく規律を厳しく守らせたからである。しかし反面、生徒に極めて親切であったと語られている。志計子の親切さは生徒達だけでなく、どんな人にもあまねく慈愛を注いでいる。十六才の留岡幸助にも十七才の山室軍平にも、惜しみなく慈しみを与えている。

(四) 新島襄の高梁伝道と福西志計子の回心

明治十二年十月に岡山県庁から中川横太郎、岡山基督教会から金森通倫、岡山ミッション・ステーションからベリーの三人が高梁に招待され、「風俗改良について」という名目でキリスト教の講演会があり、十三年二月には新島襄がキリスト教を正面に掲げて三日間の講演会が行われた。新島襄は次のような演説を行った。

①　新島襄の講演

「よい国を創るには基礎をしっかりとかためることが必要です。そのためにまず必要なことは「神」を知ることです。神を敬うことは知の第一歩です。神を知り、敬い、畏れ、そして信じ、愛することが人間にとっても大切です。人は天命に従って初めて自由の民となり、その後真の文明の域に達することが出来ます。神の規律を守ることにより人は初めて自由人となり文明の民となることができます。

次に文明の基を築く第二の道は日本人を改良することです。それにはなんといっても教育が重要です。今や一日もゆるがせにせず、教育によって人心改良に取り組むことが一大急務です。なかでも女性が抑圧されてきたこの国では女子教育を充実させることが必要です。日本を文明化するためには男性はもちろん女性に対してもキリスト教に基づいた教育を充実させることがなによりも急務です。」

②　志計子の回心

この講演は志計子の抱いていた信念を肯定し、気力を与えるものであった。こうして志計子はキリスト教を感動をもって受け入れた。志計子に回心が起こったのである。この講演は多くの聴衆に強い感動を与え、一部の人にキリスト教が受け入れられた。そしてすぐ「風俗改良懇談会」と「キリス教婦人会」が結成された。

(五)　裁縫所教師の受難と挑戦および教会の創立

①　裁縫所教師の受難と挑戦

高梁小学校付属裁縫所教員の福西と木村は「キリスト教婦人会」の中核となって活動していたため、高梁町民に注目されるようになった。彼女達は地方公務員であったからキリスト教の集会を学校ですることは、公務員の規律に反するとの見方が生まれしだいに批判が強まった。そして十四年春になると、キリスト教を捨てるか、教員を辞職するかを迫られた。悩んだ二人は七月になると潔く教員を辞職した。その二人が十二月十日には「私立裁縫所」を設立して町議会に挑戦した。

二人はごくわずかな生徒の授業料では、生活にこと欠く程であったがよく苦難にたえていた。しかし暫くすると生徒数はしだいに増加していった。二人の誠実な教育活動を町民はしっかりと評価したのである。二人を支援してくれたのは小学校教員の一部のグループと医師と薬剤師のグループ、およびその他のキリスト教徒であった。

② 高梁基督教会の設立

こうして逆にキリスト教徒の活動は高まり、十五年四月にはついに高梁基督教会が設立された。

岡山教会の金森通倫によって柴原宗助、赤木蘇平など十四人が洗礼を受けたが、その中には福西志計子と木村静も含まれていた。ここに二人は正式にキリスト教徒となったのである。十四名の内訳は男七名女性七名であった。最初のキリスト教の講演会場が「女の園」で、聴衆も主に女性であったためか、教会を実質的にリードしたのはむしろ女性であり、福西志計子であった。

(六) 教会への迫害と順正女学校の創設

① 教会の発展とリバイバル

明治十五年四月には念願の高梁基督教会は信徒十八名で発足したが、第二代の森本牧師は積極的に布教を展開した。まず会堂を繁華街に移して青年会員と共に路傍伝道にも努めた。また婦人会を組織して学術講演も開催した。そこで十八名の信徒が翌十六年には百十八人となり、十七年には百三十五人に達した。これは全国七位の教会員数であった。この高梁教会の急激な発展は全国的にみても極めて稀な例である。

この時期は全国的にキリスト教の教勢が強まった時期であった。明治十六年には京阪神地方においてリバイバルが起こり、やがてこれが高梁にも波及してくる。さらに十七年には同志社英学校のリバイバルの影響を受けて、第二回のリバイバルが生まれた。

しかしこの異文化の精神的昂揚が地域社会の核心をなす秩序を脅かすと地元民が感じた時、強烈な拒否反応としての迫害が突発する。

②　第一の迫害

明治十七年六月二十八日岡山ステーションからケリー夫人が高梁に来訪し、紺屋町仮会堂において聴衆二百人を前にアコーディオンを演奏し柴原宗助、須藤英江の両氏が説教した。ところが聴衆から罵詈雑言が湧き起こり、土砂なども会場に投棄された。そこにかもし出された不穏な雰囲気は大迫害を予兆するものであった。

③　第二の大迫害

十七年七月六日は教会が最大の迫害に遭遇した悲しむべき日であった。その日、日没の頃になると仮教会堂の前に多数の人が集まり、また児童十五－十六人が一隊となって反キリスト的暴言をはき、物情騒然たる様相となった。

それにもかかわらず信徒は誰一人としてその挑発に乗るようなこともなく、迫害者のため頭を垂れて、「神よ許し給え、知らざればなり」と祈ったという。高梁の信徒はすでにそこまで品性を陶冶していたのである。

さて混乱は一向に治まりそうになかったが、元高利貸しの石川という人が岡山の金森通倫牧師のところに高梁の迫害を知らせたところ、金森牧師は驚いて高崎県令に相談した。すると県令はキリスト教会への迫害は国際問題になるからすぐ抑えるようにと指示を警察署に出し、警部巡査を高梁に急派して群衆を解散させたという。

④　第三の迫害と森本牧師の辞任

迫害はそれでも容易に治まらなかった。同年八月十日には反キリストの人達がキリストの像と称する藁人形を造り、これを担いで町内を巡回した。いたずらもここまで来ると警察も放置するわけにはいかなくなった。県令の意向をうけて警察署は事情聴取を始めた。信者の代表として赤木蘇平と須藤英江を署に呼んだ。二人は出頭して迫害の一部始終を詳細に説明している。

さて過去一年余りリバイバルに続いて度重なる大迫害に立ち向かうため、森本牧師の苦労は言語に絶するものがあった。牧師はついに咽頭を冒され、九月二十六日休養することになり、十一月一日にはついに辞任された。高梁教会ではきわめて尊い犠牲を強いられたのである。

⑤　ライオンの伝記と志計子の立志

福西志計子は森本牧師に助けられてメアリー・ライオンの伝記を読み強い感銘を受けた。ライオンは女性のための大学をアメリカで初めて設立した人として知られている（注　ライオンについては米沢倉治編『松籟』昭和五十年によった）。

ライオンの伝記を読んだ志計子は「あの人は女性でありながら大学を創設したのだから私にも女学校をつくれないはずはない」と揚言してその日から日夜、文科を併設して正式の女学校を創る方法の研究に没頭したと伝えられている。志計子はライオンにならって女学校の創設を自らのコーリングとしたのである。しかもそれは大迫害のまっただ中であった。

⑥　女学校の構想を直訴

福西志計子は明治十七年八月十日（第三次迫害）、京都から高梁に応援伝道に来ていた藤田愛爾の懐に飛び込んだ。そして高梁に女学校を作りたいという熱い思いを単刀直入に訴えた。藤田は同志社女学校の校長であった。志計子の熱意に感動した藤田はその案に直ちに賛同した。志計子は次に藤田を伴って森本介石牧師を訪ね、女学校創設の企てを相談した。森本牧師の賛意を得た彼女は、次に岡山教会の牧師金森通倫に話しその賛意を得た。二人の牧師の賛意を得ると、ただちに私立裁縫所の設立委員会に「女学校設立案」を提案し、審議にはいった。設立委員会ではさまざまに審議の結果、満場一致で女学校の創設案が承認された。

志計子は大迫害のまっただ中で女学校の創設という大目標を決断したのである。

⑦　順正女学校の創設

関係者の賛成を得た志計子はただちに具体化に乗り出した。岡山教会の金森通倫牧師は文科を担当する教師を獲得するため、同じ日本組合教会系の神戸英和女学校（後の神戸女学院）を訪ねて高梁に新設する女学校に赴任してくれる教師を求めたが、一人の教師を得るのに困難を極めたと記録されている。金森牧師の苦心惨憺の努力の甲斐があって、ようやく十一月になって神戸英和女学校から「原とも」先生を招聘する約束が出来た。原は十二月下旬に高梁に到着したため、翌十八年一月七日付けで文科を加えて「順正女学校」が発足した。こうして志計子の命がけの熱い想いはついに実現したのである。

ところで当時の中学校の普及率を見ると、全国の中学校百七校、女学校は九校（ミッション・スクールを除く）にすぎなかった。岡山市の私立山陽英和学校が設立されたのは二年後のことであった。また高梁川流域に女学校ができたのは組合立春靄高等学校が大正六年、町立新見女学校が大正七年、町立成羽高等女学校が大正十五年であった。また高梁に県立中学が出来たのは順正女学校に遅れること十年明治二十八年のことであった。

これらの事実を考え合わせると明治十八年一月という早い時期に私立順正女学校が高梁に創設された事実が如何に瞠目すべき偉業であったかが理解されるであろう。

さらに重要なことは順正女学校が単にとてつもなく早く創られたことだけではない。それは西日本のキリスト教界では音に聞こえた名門校に成長した事実である。「順正の生徒は西洋の教養を身につけ、その上裁縫の腕は確か」との定評が出来上がり、順正女学校の卒業生は結婚にも優利であったという。さらに四国や九州から笈を負うて高梁の順正女学校の寮に入って学習し、キリスト教による愛の精神と裁縫の腕と福西精神とをしっかりと身につけて帰省したといった事実があったから志計子は寮をなによりも重視した。そして志計子の死後それは河合久に引き継がれた。河合久は順正女学校の一期生で、卒業後神戸女学院に進学したが裁縫の腕を見込まれ、神戸女学院の裁縫の教員となっていた。死を前にして福西は裁縫と舎監をまかせるため河合久を母校に強引に呼び戻し、福西精神を継承させた。

(七) 順正女学校の教育理念

① キリスト教的人間愛

福西志計子は熱烈なクリスチャンであったから順正女学校の理念はまず「キリスト教的人間愛」であった。学校で生徒も聖書を読み「人間愛」を聞かされていた、高梁出身の教師で後に社会事業の先駆者となった留岡幸助の妻夏子も奨学生として順正女学校で学んだし、夏子の死後、後妻となった菊子も同じ奨学生として順正女学校で学んだ卒業生であった。また岡山孤児院を経営した石井十次も妻品子を順正女学校に学ばせている。弱き者、虐げられた者への限りなき愛こそが順正女学校の理念であった。

② 東洋的婦道主義

順正女学校では単なる西洋化だけでなく、日本婦人が古来から保持してきた優美さや貞淑さを失ってはならないとしている。西洋から学ぶことは当然であるが、同時に東洋の伝統的美点を重視し、これを守ることを理念としている。

③ 実際的家政主義

順正女学校は女性が激動する社会の中で男子に伍して生き抜くため、直接に役立つ知識技能を修得することを理念としてかかげていた。このような実学主義の鍛練によって順正の生徒の「裁縫の腕は確か」という世評が確立していたからこそ、幾多の外圧をはねのけて順正女学校は生き残ったのである。

順正女学校の三つの建学の精神は山田方谷の理念（至誠惻怛、実学尊重）とも見事に適合したものであった。

（八）福西志計子の人間愛

志計子には言い知れぬ威厳があったようで生徒は皆畏服していたという。しかし同時に彼女には人に真似の出来ない深い慈愛心があり、それを惜しみなく人に与えた。

①　留岡幸助

留岡幸助は受洗したため、町民からヤソとして指弾されただけでなく、家庭の中で監禁された時、志計子だけが味方になってなぐさめたという。迫害を避けるため、岡山教会の金森牧師や赤木蘇平とはかり、幸助を四国の今治教会に匿う計画を実行したのも志計子であり、家を出たあと数日間、まず志計子の家の蔵に匿い、折を見て岡山、今治に逃したようである。また明治十八年秋、幸助が同志社に入学する際にも許嫁の夏子を順正女学校の苦学生として面倒を見ている。このようなことはなかなか普通の人には出来ない深い慈愛心の発露である。

②　山室軍平

後に救世軍の日本の最高指揮官（中将）となった山室軍平が最初に高梁教会を訪ね路傍伝道に励んだのは明治二十二年秋、弱冠十七才の時であった。志計子は若い山室をよほど気に入り可愛がったようである。異常な能力を備えた山室を並はずれた資質を持った人物だとたちまち見抜いたのである。そこで翌二十三年夏も山室に夏期伝道を依頼した。そして二十七年六月には同志社の勉学に挫折し憔悴し切った山室が向かった先は志計子のいる高梁教会であった。そこで山室は半年間ひたすら伝道に励んだが然るべき納得のいく成果をあげることは出来なかった。このように信仰にも迷いが出て精神的にも衰弱のみられた山室を心配した志計子は横屋夫妻と協力して山室を高梁のしかるべき家の養子に入ってもらおうと努力したが、結局成功しなかった。

その時志計子は山室を文字通り母親のように面倒をみた上、多額の銭別を渡したらしい。若い異才の持ち主である山室への志計子の慈愛は底知れないほど深かった。

③　伊吹岩五郎

花田（伊吹）岩五郎が牧師不在の高梁教会に応援説教に呼ばれたのは明治二十七年五月であった。当時高梁教会には専従の牧師が居なかったので四国の松山から二宮邦次郎牧師が二か月に一度巡回説教に来ていた。そこで依頼された花田の応援説教は一週間の予定であったが実際には二週間続けられた。福西は花田に好感を持ち、十一月には石井十次主催の松江旅行に花田、福西に加えて山室も同行してさらに親しくなった。

福西は須藤英江と協力して、花田を二宮牧師の義妹の伊吹家への入婿にし、合わせて高梁教会の牧師になる案をすすめたところうまく成功し、二十八年一月順正女学校で結婚式を挙げたが、石井十次は楽隊を揮いて参加した。花田には、教会の牧師就任に合わせ順正女学校の講師も引き受けさせた。

福西は伊吹に向かって「伝道がいやになったらやめて、学校をやりなさい。このことは遠慮することはないですから」と言ったという。あとから考えるとこれは順正女学校の将来についての予言だったといえよう。

（九）　福西志計子の人間像

①　理念を目指す求道者

町全体に反耶蘇教の雰囲気が充満している明治十三年頃、最愛の親や夫の反対をおし切ってキリスト教の信者になることは、今日では想像出来ない程の困難なことである。そこでその反対を突破して信者になるには強固な意志と熱情がなければならない。福西はまさに女子教育という理念を追求した求道者であった。

②　誠意の人

福西はどんなに苦しい時にも誠意を貫いた。その誠意に心動かされたからこそ、迫害の嵐が吹くなかで、町の有力者のなかに順正女学校を支援する人達が現れたのである。誠意は牛麓舎で学んだ儒学・陽明学の教えの根本であり、またキリスト教の根本教義の一つでもあった。私立裁縫所においても順正女学校においても、福西はあらゆる人に誠実に対応したため、世の評価は高まり、遠く四国、九州からも生徒が高梁を目指して集まったのである。

福西はまことに、誠意の人であった。

③　貧しくとも志ある人への愛

福西志計子は牛麓舎で儒学を学び、その雰囲気の中にあったから、儒学の基礎理念である「仁」については十分に理解していたと推察されるが、明治十三年頃にキリスト教を信ずるようになってからは神の愛、神の前の人間の平等を信じてこれを実践した。ことに修学の志はあっても貧しさゆえに入学出来ない人のためには奨学制度を設けて生徒を助けた事実は福西の愛の実践であった。

山田方谷に学んだ理念「至誠惻怛」に接木されたキリスト教の「隣人愛」は、完全に融合して彼女の体内で完全燃焼し志計子を生涯つき動かし続けたのである

それは備中高梁の伝統的教育文化―方谷理念の新しい展開であった。

二　伊吹岩五郎と『山田方谷』

（一）同志社から高梁教会牧師へ

花田（伊吹）岩五郎は福岡県宗像郡赤間村に生まれた。中学を卒業してある企業に勤めていたが、ふと教師に興味をいだき小学校の教員となりその職に生きがいを覚えていた。ところがそんなある日「聖書」に出会い、しだいに心をひかれ、教会に通うようになり、ついに洗礼を受けた。そして二年後、教員を辞め同志社の神学科に入学してそこ

を卒業し、鳥取教会と土佐教会に務めたが、うまく適合しなかったため辞任し、岡山で石井十次が主宰する「伝道義会」に属し、岡山、倉敷、天城で応援説教などで働いていた。

明治二十七年の五月、当時専任牧師のいなかった高梁教会から一週間の応援説教を頼まれたので出掛けたところ、地元の評判もよく二週間にわたって務めを果たした。高梁側の世話役は順正女学校の福西志計子であった。

十一月には石井十次の松江旅行に花田も福西も同行してさらに親しくなった。

こうして福西のきもいりで花田は高梁の伊吹家（二宮邦次郎の義妹の家）に入婿となり、高梁教会の牧師に就任するとともに、順正女学校の講師も引き受けることとなった。結婚式は十八年一月二十九日にとり行われた。こうして伊吹岩五郎となった。

（二）高梁教会牧師と順正女学校講師

伊吹が高梁教会牧師に就任したのは明治二十八年二月末で、伊吹が三十二才の時であった、それから五十余年、初めは牧師として六か年務め、そのあとは順正女学校長の専任となり、その後は間接的に教会を助けて伝道に従い、九十年余の生涯を高梁のために捧げた。

伊吹は二十八年四月から順正女学校で毎日一時間、週六時間の講義を持った。伊吹は毎時間、意欲を持って講義に当たった。教会の牧師だけでなく、一時間でも女学校で毎日若者に修身の講義がやれることは新味もあり張り合いも感じていた。

しかし福西は別のことを考えていたようである、ある日福西は伊吹に向かって次のように話した。

「あなたは伝道がいやになったら学校をやって下さい。このことなら何も遠慮はいらないから。」

このことから明らかなように福西は就任して間もない青年牧師を全面的に信頼し、すべてをまかせる心情になっていたのであろう。ここには思い込んだら徹底的にやり遂げずにはおかない福西の面目躍如たるものがある。結果からみると福西が望んだ通りになっている。福西は最初から直感的に伊吹岩五郎が自分の後継者になると感じ取っていたのではないか。福西と伊吹は不思議な因縁があったと言うべきであろう。

(三)　福西の発病と昇天

伊吹が順正女学校の講師に就任した明治二十八年は、学校がようやく女学校らしい基盤を確立し、名声が高まり、さらに発展拡張に向かいつつあった時期である。しかしその後一年余りで福西は病を得て療養に努めることになった。学校のさらなる発展をねがい、それを胸に秘めながら、他方では迫り来る寿命を自覚してその矛盾にさいなまれる福西の焦燥感を伊吹牧師は全力をあげて治癒することに努めた。そんな時、伊吹はコリント人への第二の手紙「あなたは私の恩寵で足りる。〔恩寵の〕力は弱さのうちに完成されるからである」を読んであげると福西は豁然と悟り、「もう何も気にかかることなし、私の為すだけのことはした。後はまた神の働きがある。何も憂うることはない」と言った。

こうして満面に笑を浮かべ従容自若として天国へ旅立っていった。臨終に立ち会った人達は口をそろえて崇高なまでの美しい昇天であったと述べている。なんと見事な死にざまであろうか。

最初に会った時からこの若者（伊吹）こそ我が後継者と思いつめていた福西と半年もの間、毎日、病床を訪ねて聖書をともに読んで心を癒し安心立命を与えつつ天国に送った伊吹岩五郎との間に美しい二つの魂の絆があった。

（四）後継者の引き受け――火中の栗を拾う

創立者が死去した私立学校に深刻な課題が残された。それは後継者の問題である。理事会が開かれ、校長に当たるべき人を決めるため、二、三人の候補者をあげて交渉したがまとまらず、いたずらに日時を経過した。そのうち新学期が迫り生徒にも心理的不安がひろがり、順正女学校は廃校にすべきだとの意見さえ出たため、福西の意志を思い悲痛な感情にさいなまれた。吹屋の長尾佐助氏が新しく理事になったのは廃校論を抑えるための処置であった。

このような危機的雰囲気に直面して伊吹はついに「もし適当な後継者がいないのであれば自分がこれを引き受けてもよい」と理事会に申し出た。伊吹にとってこれは相当に無謀な企てに違いなかったが、学校の前途のことを考えると座して黙することは出来なかったのである。いろいろな試みがなされたが、いずれもうまく行かず理事会はついに伊吹を後継者に推すことを決定した。さらに三十一年十一月には専門的経験のある校長が必要ということで、蓑内鉱一郎に代わって伊吹岩五郎が校長に就任した。

こうして伊吹は牧師と校長の重責を兼任することになったがそれはあまりに苛酷にすぎるので明治三十三年末に再任を要請された時、兼任を解いてもらうことを条件として出し、溝口貞五郎牧師を迎えて牧師を辞任し、校長に専任化したのは明治三十五年からであった。

（五）建学理念の変更と教育目標

文部省は明治三十年代に入ると国家主義的傾向を強めたが、三十二年には私立学校施行規則を制定し、「公認の学校に於て宗教上の儀式・教育を禁止」した。このように教育と宗教を分離しようとする政策が明確になっていく状況のなかで宗教を建学の理念とする私立学校の運営はしだいに困難になっていった。

化はなかった。

行実動主義」をもってし、さらに「東洋的婦道主義」には「操守貞正主義」を対応させたものであり、本質的には変

ものである。すなわち「キリスト教的人道主義」の代わりに「母性尊重主義」を当て、「実際的家政主義」には「実

義、③操守貞正主義である。これは国家の宗教と教育を分離しようとする状況に適応するために若干の装飾を施した

そこで伊吹は従来の建学の精神に代えて新しい教育方針として次の三つをあげた。①母性尊重主義、②実行実動主

①　新しい教育理念

実際、順正女学校は生徒の教育からキリスト教を除くことはなかった。同窓会誌「落葉」には次の記述がある。

順正はキリスト教精神で朝十時頃と夜八時頃、毎週教会へ行き、聖書・讃美歌と牧師の説教を聴いておりました。当時の牧師は溝口先生、通学中から奥さんとも懇意で、聖書の小冊子などいただき、とても可愛がってもらい、常に伝道してくだされ、その間二、三人洗礼を受けられた人達もあり、洗礼式を拝見しました。（県立高梁高校『おもいでの記おち葉』昭和49年）

②　教育目標

・第一は人を作ること。一般に女子教育は良妻賢母の育成とされるが、結婚前の女性や結婚しない人をも含む一般的人間性の育成が重要である。

・人の手になること。女子は目で見たことをすぐに口にして人を評する傾向がある。手の人すなわち実行の人をつくることが重要である。

・教育は平凡な事業である。教育は生きた心霊に影響を与えるものであるから、浮々した気持ちで教場にあってはならない。昨日も今日も変わりのない心構えが教育者には必要である。

・家庭・社会・国家を尊重する。人間としての至高の観念を養い、実行の美しさを教え、天職として選んだ事業に

人が喜んで従事する心情を会得させ、旺盛な精神力を涵養することができれば、人は家庭の改善と社会の進歩と国家の降盛を望むようになるであろう。

（六）　伊吹校長の業績

伊吹は四十年頃までに次の事項を実行した。①まず維持会に山田、長尾、河合、伊吹の四名を加えた。②三十一年十一月財団法人の申請　③三十二年県費五百円を受ける　④三十四年上房郡から補助金を受ける　⑤三十五年県費の補助を受ける　⑥三十五年寄宿舎建設　⑦三十六年事務室、茶室、物置を建設　⑧敷地の登記　⑨三十九年県立移管の話あるも立ち消え　⑩四十年六月県の補助金四千五百円　⑪八月から二棟の教場と付属建物の着工　⑫県の特別補助金千五百円を受け教場一棟と講堂一棟を落成

伊吹は維持会を補強し財団法人の申請を認められたことにより、県や郡の補助金が受けられるようになった。福西志計子が汗水たらして集めた寄付金の代わりに県の補助金が得られるようになったのである。これによって学校の財政的基盤を確立し施設を充実することが可能となった。

（七）　県立移管の問題

伊吹は県費の補助金を受けるたびに県の職員と接触することで信頼されるようになった。ところでこの時期は中等教育の公営化が遂行されている時であった。そんな明治三十九年夏岡山県知事から順正女学校を県立化したいとの申し入れがあった。そこで順正女学校の維持会は慎重に審議した結果、提案に応ずるとの回答をしたが、途中で知事が交替したので立ち消えとなった。

ところが大正九年八月、突然、県営化の計画の申し入れがあった。そこで財団で協議した結果、これを受け入れる

こととなった。

大正十年三月二十七日、創立四十週年を繰り上げて県立移管の祝賀会を開催した。留岡幸助と海老名弾正が講演を行った。名門私立女学校の終焉にふさわしい祝賀会であった。

伊吹は声涙倶に下る惜別の辞を述べた。

私今あなたに別れを告げようとしています。新しい関係として私は再び相まみえることとなりませう。過去四十年の主義主張は棄て去られたのではなく、之を長く育成していくことが今後の責任であります。（略）

こうして明治十四年末、町民大多数が白眼視する中で、キリスト教の人間愛の実践として女子教育の炎を高々とかかげて燃やし続けた私立順正高等女学校は、晴れて県立順正高等女学校に生まれ変わったのである。

（八）退任の辞

伊吹は昭和四年四月三十日、三十五年勤続の経暦を終えて退職した。「退職して学校を離るるに際して」と別れのあいさつをした。

日月回転して止む時なく、我が順正校に関係を有する、早や三十五年を数ふるに至りました。私はかくして半生の生命を校務に献げ得たことを光栄とします。三十五年決して人生として短きものではありません。その間社会の変遷も頗る大なるものがあります。此変遷に処して同一校に此年月を過し得たるを思えば満腔感謝の念に満たされます。ことに性情に幾多の欠点を有する私自身としては財団関係者、同学諸士の援助の多大なるを忘れ得ません。（以下略）

ここには三十五年にわたる苦心惨憺の努力に対して、何一つ功を誇ることもなく、ただひたすら周囲の人々の援助に対する感謝の言葉だけが述べられている。伊吹に相応しい謙虚な言葉に敬服させられる。

（九）伊吹岩五郎の著作活動と『山田方谷』

① 主な著作

伊吹の貢献のなかで忘れてならないことは彼の著作活動である。そのことが大変幸いであったのは創立者の福西志計子が不言実行タイプでまったくといってよい程、記録を残していないからである。これを伊吹が補ったので順正女学校の歴史が残されたのである。

伊吹岩五郎の著作の主なものは次の通りである。

・「我が校の歴史」
・「没後三十年に当り福西先生を偲びて」
・「信仰美談」
・「過去の面影」
・『山田方谷』
・「修身科より見たる性の問題」

② 著書『山田方谷』の検証

伊吹は山田方谷の研究を明治期から始めていたものと思われるが、大正十五年の方谷の没後五十年祭に講演したことに始まり、二年後には県の論文集に応募して優秀作となったものを昭和五年に公刊した。

その構成は二十七章から成っているが一章から二十一章までは方谷の生涯を時代別に述べたもので、二十二章から二十七章までに「方谷先生とその時代」「経済問題」「綱紀粛正の問題」「教育者としての先生」「余論」「稿し終わりて」が書かれている。

③　四つの論点

その中から学ぶべき四つの論点をとりあげたい。

・方谷は藩校へは学校を求めて来るが、塾には人を求めて来る。そこで長瀬塾で先生があまりに忙しいので、リーダーが初学者の代講を申し出たところ、方谷はリーダの気持は有難いが、学生は私を求めて来るのだから、代わってもらうわけにはいかないと答えた。方谷は教育というものは人格と人格の対面によって為されるものと考えていたことがわかる。

・晩年になると方谷は世事を厭い田舎の塾での教育に打ち込もうとしたのは、方谷が板倉勝静の政治顧問となって諮問に答えたが事志と違いことごとく徒労に終わり、ついに君臣の途も別々なものとなった経験から、失意、孤独の淋しさを味わった。そこから世事から離れ、人物を育てる教育に没入しようとした。

・「余論」の中で獄制改革について論じている。獄制を改革するためには、仏教の慈悲心や、人類の身代わりになって十字架にかかるというほどの人類愛を持った人が刑務所の管理者になることが必要だと指摘しているのは重要である。

・方谷は確かに漢訳聖書を読んでおり、その中に良知（良心）という言葉がたびたび出て来ると述べている。そして西洋の精神構造の根底を知るためにはキリスト教を理解しなければならないと述べている。方谷がキリスト教の要理を理解していたのは確かである。

（十）伊吹岩五郎の人間像

伊吹岩五郎の人間像をまとめてみよう。

① 理念を目指す求道者

花田（伊吹）岩五郎は会社員であったが、子供の教育に関心を抱いて小学校教員になった。教員に生きがいを感じていたが、聖書を知ってキリスト教に興味を持つようになり、ついに同志社の神学科に入学して牧師となった。そして順正女学校に三十五年間勤めた。伊吹は理念を追求した求道者の人生であった。

② 誠意の人

伊吹はどんな人にも誠実に接したから誰からも信頼された。順正女学校を財団法人とした後は補助金の請求のため、県の事務員と接触する機会に恵まれた。ところがそのうちに県の職員からも信頼され、多くの補助金だけでなく、順正女学校の県立学校化へと進んだのである。誠意こそが伊吹の生き方の羅針盤であり、エネルギーであった。

このように伊吹もまた方谷と同様に名利を求めない誠実な愛の人であった。

三 留岡幸助の営為と家庭学校の理念

（一）留岡幸助の人格形成と山田方谷

留岡幸助は元治元年（一八六四）に生まれているから方谷が死去した明治十年には十四才の少年であったが、同じ高梁に育っても直接教えを受けることはなかった。しかし同じ高梁に暮らしたのでコミュニティの強い教育力にさらされている。郷里の偉人山田方谷の理念や逸話は高梁の人にとっては誇るべき知的滋養であったので強い影響を受けている。次に山田方谷と留岡幸助との関係について探ってみよう。

①　生い立ち

幸助は元治元年備中松山の理髪業を営む吉田万吉とトメの間に生まれたが、すぐ分家の留岡家の養子となった。留岡家ではもらった子が男の子であったので、留岡夫妻の喜びは一方ならぬものがあったが、最初から深刻な問題に直面していた。せっかくよい子をもらったものの幸助に飲ませる乳がなかったのである。

ところがその頃近所の国分という武家に三月ほど前、子供が生まれていたことが知られていた。当時は武家と町人の間には厳然たる身分差別のあった時代である。父留岡金助は思い悩んだあげく、子供の命にかえられぬと意を決して国分家の門をたたき、乳を分けてくださいと土下座して頼んだ。ところが案に相異して国分胤之《たねゆき》はあっさり許してくれた。幸助はこうしてもらい乳でまず育った。幸助は生まれてすぐ近隣の温かい人情によって育ったのである。幸助の乳兄弟となった国分三亥は明治五年まで備中松山藩士のリーダとして幕末の動乱期に活躍した三島中洲の二松学舎で学んだあと法律学校に進み検事正となった後、官中顧問官に任ぜられた人で二松学舎の理事長も務めた郷土の偉人である。国分と留岡の二人は生涯親友であった。

②　留岡幸助の山田方谷追慕

留岡幸助は山田方谷に会ってはいないが、郷土の偉人について父は方谷の漢詩を書いた掛け軸を宝物と思って大切にしていたし、さらに古老からいろいろ話を聞き強い関心を持っていた。次の事実がそのことを示している。

まず第一は同志社神学科の二年後輩の伊吹岩五郎が著書『山田方谷』の序文を高梁出身の留岡幸助に依頼した。その序文の中で留岡は二つの事を書いている。一つは留岡家の宝物で、時折、父親が観賞していた一幅の掛け軸のことである。それは児島高徳が院庄で桜の幹に十文字の漢詩を書いているもので、その絵の側に山田方谷の七言絶句の漢詩を書き添えたものであった。留岡も十二才の頃から漢詩の手ほどきを受け、外史や十八史略などを読んでいたからこのような詩を書かれる方谷先生の思想を窺ってみたいと思っていたという。

次は郷里の古老に聞いた話として、方谷は江戸の昌平坂学問所に学び佐藤一斎の塾長を務めていたが、同じ塾生の佐久間象山と方谷が夜分に大声で論争していたことがあった。それを聞いていた佐藤一斎先生がどちらも力戦していたとほめていたという話である。その話を聞き、山田方谷の思想について研究してみたいと思いながら忙しさにかまけて果たせなかったと書いている。

第三に、幸助は自らの講演の中でも、方谷について述べている。たとえば東京木挽町の報徳銀行における講演の中で郷里についてふれ、「私の生まれたところは漢学の盛んなところであって、今の東宮侍講の三島中洲先生は私の処の先輩である。先生は私の幼少の時に有終館と云うて板倉伊賀守の藩学の館長であった。その三島先生の又の先生が山田方谷と云う偉い方であった。（中略）斯の如く漢学は極めて盛んな処であるので、私は町人であったけれども幼少の時分は一定の時刻に毎日士族屋敷に前掛けを外して四書など聞きに行ったものである」と述べている。

このように留岡のキリスト教も「儒学に接木されたキリスト教」であった。それゆえ留岡は後に二宮尊徳に私淑したのである。

幸助は方谷の至誠惻怛にきわめて近い生き方をした人であった。

(二) 原体験とキリスト教

① 少年期の原体験

幸助は寺小屋に通ったがそこには士族の子供も町人の子供も一緒に学んでいた。当時すでに廃刀が布告されていたが士族の子は木刀を腰に差していた。ある日何でもないことから士族の子と口論となり、木刀でひどくなぐられた。しかし勝気の幸助は撲りつけた子供の右の手を両手で引き寄せて手首に喰いついた。士族の子は大声で泣いて帰った。町人の子が勝ったというので見ていた子供達は喊声をあげた。幸助は士族の子供と喧嘩したことを家人に話さなかった。ところがこれが大事件になった。

翌朝父は士族屋敷に呼び出され、士族の父親から、お前の子供が自分の息子にかみついて傷を負わせたことを知っているか、と叱責した上、今日限りで出入を差し留めると言い渡された。留岡家は白米商を営んでいたから、得意先を失うことは大きな痛手であった、憤満やるかたない父は帰ると幸助をひどく打ち据えた。しかし幸助には納得がいかなかった。「悪くない自分を木刀で撲るからやむを得ずかみ付いたのだ。ところが父が呼ばれて叱られ、その上米が売れなくなり、私が再び撲られたのでは納得がいかない。そのためその時以来私は士族という奴は悪い奴だと思うようになった」と語っている。

ここで幸助は残存する身分社会の不条理につき当たり、その反省から、すべての人が平等を保障されて生きられる社会を求めていこうとする留岡の生き方の原点がここにある。

② キリスト教入信と受難

幸助は幼いころから芝居や寄席が大好きであった。ある時友人に誘われて西洋軍談講釈なるものを聞きにいった。ところがそれは日本の軍談講釈とは様子がまったく違っていた。話はよくわからなかったが、そのあとも四、五回聞きに行った。ところがある日の話に「士族の魂も商人の魂も赤裸々になって神様の前に立つ時は同じ値打ちのものである」という言葉が彼の心を捉えたのである。明治十四年頃と言えば明治新政府は文明開化の政策を実施していたから士族は廃止され四民平等となっていたが、それは建前だけで現実には士族と庶民は厳しく区別されていたのである。そんな狭間の出来事であった。そんな時、神の前での「人間の平等」を説くキリスト教が新鮮で魅惑的なものに感じられたのである。

それからたびたび聖書の講義を聞きに行き、キリストを信じたいという熱望が湧いてきた。十六才の時一度洗礼を受けるための面接を受けて失敗したが、十七才の時許されて洗礼を受けた。高梁基督教会が出来て三か月たった頃であった。

ところが幸助が洗礼を受けたころから高梁には反教会の気運がしだいに高まってきた。それは十六年、十七年と連続してキリスト教会に対する激烈な迫害となって現れた。

幸助の場合には高梁という町の反キリスト教会の風調が家族の中にまで浸透し深刻な事態を引き起した。父親は「ヤソを信ずるな」「止めたらどうじゃ」と言うようになった。棄教させるために真言宗の名僧雲昭律師に説得を頼もうとしたが、うまくいかず、思いあまってついに町の警察署長に説得を依頼した。

ある日幸助親子は警察署に呼び出され説得されたが、悔い改める気配はなかったので署長は父に向かって「こんな子は駄目じゃ、つれて帰れ、子は親のものだから親の勝手にせよ」とつき離された。それから幸助は離れ座敷に閉じこめられた。それが一か月も続いたが、信念をまげない幸助に、父は最後の手段、つまり絶縁を宣言したのである。「明日は役場に行って手続きをする」と言うと幸助を座敷から解放し、これまでと打って変わって菓子など与えてもてなしてくれた。

これにはさすがの幸助も深刻なジレンマに陥った。思いあまった幸助はついに家から逃げ出す外に道はないと考えるに到った。そこでまず福西志計子の古い蔵にかくれ、数日後に岡山教会の金森牧師のところへ行き、さらに四国今治の教会へ落ちて行った。そこには横井時雄牧師と二宮邦次郎伝道師が居たので伝道の手伝いをして過ごした。

(三) 社会事業家としての思想形成と召命

今治に生活して二年が経った頃、徴兵検査のため高梁に帰ったが、肺ジストマの病暦のためか検査は不合格となった。今度は父も何も言わず受け入れてくれた。しかも幸いなことに高梁教会の奨学金で同志社英学校の神学科に進学することとなった。幸助に好運が開けたのである。

①　学生生活

幸助は明治十八年から二十一年まで三年間学生として同志社の寮で生活した。入学した時、すでに二十一才になっており、高梁における厳しい試練と今治教会でかなりの人生経験をしていたから周囲の学生から一目おかれていた。当時の授業は少数の科目を集中的に授業する方式がとられており、授業はほとんど英語で行われており、学生中心にすすめられた。そして学習は学生間の切磋琢磨が重んぜられた。

日曜日はチャペルや教会で礼拝に参加し安息日を守った。また当時の学生の間では金曜、土曜の午後など校内の教室で宗教、倫理、政治のテーマを取り上げて演説会が開かれた。

次に開拓伝道もなかなか盛んであり、幸助の伝道熱心は学内でも有名であった。

②　社会的弱者への隣人愛の応用的実践

この当時、同志社教育が基盤とするキリスト教には、人への奉仕こそ神への奉仕であるといった考えがあったからキリスト教の応用的実践活動が重視された。その根源は新島が学んだニューイングランドのコングリゲーショナリズムの精神にあるという。それは教会の独立と自治を重んじ、教会員の平等と個人の人格の尊厳、個人の悔い改めの自覚および良心の自由の尊重は個人の責任および義務につながる。神の栄光を実現させる実践活動を重んずるもので、具体的には貧困や病気に苦しむ人々、虐げられている人に対して救済の手をさしのべようとする。

③　召命――監獄改良から感化事業へ

留岡幸助は「最初に逢着せし社会問題」の中に監獄改良に取り組んだいきさつについて述べている。それによると幸助の家は貧しく身体も弱かったので小学校も退学したほどであったが成長してキリスト教を信じ、同志社に学び、そこで生涯の基盤が出来たのはこの上ない仕合せであった。同志社在学中に人間社会には二つの暗黒、一つは遊郭、他は監獄であることを知った。当時はこれらは世人の注意を引くことは少なかったが、幸助はキリスト教の光によってこれら二つの暗黒を照らす必要を認め、種々考えた結果、監獄改良に当たるべき決心をした。そのあと友人から借りて「ジョン・ハワード」を読みその決意を固めた。こうして幸助は学生時代に自ずから天職を選び取っていたのである。

(四) 家庭学校の理念と実践

① 犯罪の原因と教育の可能性

留岡は北海道の空知集治監の教誨師の職につくや、多くの囚人と個別に面接し、犯罪の根底には少年期の教育や家庭の問題が起因しているとの認識を得、さらに犯罪者は教育によって更正できるとの確信を得た。この体験と世界における感化事業の現状について論じたワインズの著書の影響を受け、監獄改良事業の完成は必然的に感化事業の遂行にあることを確信するに至った。その後米国に渡り、監獄と感化院を視察し、日本にも感化院が必要であり、これを実現したいとの強い願望をもって帰国した。そして明治三十年には『感化事業の発達』を公刊した。

② 家庭学校の設立

こうして留岡は自らの感化事業を「家庭学校」と名づけて明治三十二年十一月二十三日東京巣鴨に三千五百坪の土地を得て発足させた。

留岡は『家庭学校』のなかで、家庭学校という名称の由来について、不良少年の感化は境遇を善くし、適切な教育方法によって啓発する以外にはない。すなわち家庭にして学校、学校にして家庭であるところで教育する外はないと思い、同じ場所に家庭と学校が共存するものを設けようと思ったから家庭学校という名称が出来たのであろう。

留岡は家庭学校の環境としては都市ではなく「天然の教育」が豊かに受けられるところが望ましいという。その点、当時都心から離れた巣鴨の三千五百坪の用地は自然の豊かな適地であった。

次にキリスト教主義については、「我が校の精神もしくは生命と称すべきものはキリストである」。言葉を代えて言えばキリストは愛であるから家庭学校は愛を以て命とするものである。

したがって家庭学校は①豊かな自然環境、②キリスト教の愛、③愛情の場としての家庭、④家庭類似のシステムによって運営されることになる。

（五）留岡幸助の理想郷――北海道家庭学校

①　巣鴨家庭学校から教育農場へ

巣鴨の教育実験から三つの問題が生まれた。第一は家庭学校の周辺の都市化による自然環境の悪化、第二は職業教育の行き詰まり、第三は教師の資質や力量に限界が感じられた。そこでこれを一挙に打開するため、留岡は北海道を舞台にした開拓と感化事業をセットにした教育農場を構想した。

②　初期教育農場の構想

教育農場の構想は次のようなものであった。

第一は北海道に千町歩の払い下げを申請し、北見国紋別郡上湧別村遠軽社名渕の約千町歩を払い下げてもらう。

第二は百五十人の生徒を収容する家庭学校をコロニーシステムによって実現する。

第三は百五十戸の小作農家からなる理想的な新農村をつくり、そこから上る小作料によって家庭学校の運営資金に当てる。

なお教育農場は小作経営の「農業部」と自立経営の「感化部」に分けられる。「農業部」は土地七千五百町歩、入植小作人百五十戸、小作料収益は十一年目から十一万二千四百円、「感化部」は校地五十町歩、生徒百五十名、年間経費一万五千円要するに、小作農場を経営してそこから得られる小作料の収益をもって、教育事業の経費を賄おうとする意図であった。

③　その後の展開

しかし農場の開墾は困難を極めた。

大正三年までに小作農家はわずか八戸で四年後で七十戸であった。感化部の生徒は二十人、教師と家族が二十人にすぎなかった。

④　農業恐慌と小作制の廃止

小作農家の小作料によって家庭学校の経営という留岡の当初の構想は変化し、教育農場の業務を家庭学校の本来の仕事に縮少し、こぢんまりした内容の教育事業に専念することになったのである。現在の校有地は四百三十町歩となった。

その理由は留岡の計画の甘さにあったのではなく、①北海道の過酷な自然の開拓がいかに困難であるか、②大正から昭和初期にかけての農村恐慌の深刻さによるものであり、何人にも予測し難いもので人知を超えたものであった。

(六)　北海道家庭学校の現況

北海道家庭学校の現況は次の通りである。

①　昭和四十三年社会福祉法人北海道家庭学校の認可を受け東京家庭学校から分離した。

②　平成十年児童自立支援施設となる。(定員八十名)

③　理念と実践

「愛こそ堅固の障壁」――生徒は職員と堅く結ばれて成長する。愛こそが成長させる力の源。

「流汗悟道」――大自然の中で森や牛や野菜を育て、味噌やバターを作り、毎日の生活に必要な働きに汗を流して、大人となっていく。

④　生活の仕組

「小舎夫婦制」――七つの寮舎があるが、一つの寮に夫婦の職員が住み込み、生徒は一つの屋根の下で生活する。寮母さんと語らいながら食事をいただき、寮長さんと協働することで責任を果たすことの重要さを学ぶ。

「作業班学習」――「午前」は本館で学業の進度別に四学級を編成し、理解出来るところからやり直し、基礎学力をつける。「午後」は作業班学習による生産活動（蔬菜、木工、土木、溶接、塗装、酪農、山林、醸造、製酪）やクラブ活動・レクリエーション（野球、サッカー、バスケット、合気道、卓球、美術）などに参加する。

⑤　日曜日は望の岡の礼拝に参加する

以上の通り、大自然の中で家庭の愛によって正しく生きる力を身につけさせるという愛の営みが八十四年も続けられているのである。

最後に留岡幸助の生き方の精髄は何であろうか。それは端的に言って「至誠」と「苦難にとらわれている人への愛」と言ってよいのではないか。それは山田方谷の「至誠惻怛」とまったくといってよいほど重なり合っている。

（七）　留岡幸助の人間像

留岡幸助は山田方谷に直接教えを受ける機会はなかったが、コミュニティの教育力によって間接的ではあっても受けた影響はきわめて強いものがあった。留岡の人格には方谷に似たところが多かったと筆者は感じている。最後に留岡幸助の人間像をみておこう。

① 理念を追求する求道者

寺小屋で士族の子供にいじめられたため士族は悪いやつらだと思い込んでいた幸助が、「神の前では士族の魂も町人の魂も平等である」との牧師の言葉に心を捉えられてキリスト教に魅せられて洗礼を受けて以来、貧しい差別された人への愛を実践し、ことに牧師になって監獄改良を自分の使命とし、さらに不良少年の感化院を北海道に創ってそれに生涯を捧げた。

まさに人類愛という理念を追求した求道者であった。まことに美しい人生であった。

② 誠意の人

留岡の生き様を通観して思う事は誠意そのものであったということである。どのような人に対しても同じように誠実に対応するのが留岡の生き方であったから人に信頼された。留岡の人格にふれて多くの人が支援を惜しまなかったから、東京巣鴨と北海道に家庭学校が創られ、今日まで存在しているのである。

留岡は人に受けた恩に報いる思いの深い人であった。幸助が家庭で迫害されているのを救い出し、四国今治教会に逃がしてくれ、後には北海道の空知集治監に教誨師として紹介してもらった金森通倫牧師には、北海道家庭学校の中に金森のための一軒家を建てていつでも住めるように待遇したという。また福西志計子の死去に際しては、キリスト教新聞に心のこもった追悼文を書いただけでなく、「信仰美談」という小冊子を出版してその信仰を讃えた。

③ 苦難にとらえられた人への限りなき愛

留岡のキリスト教入信は神の前の人間の平等を知ったことがきっかけであった。神の前では士族の魂も商人の魂も同じものだという言葉が留岡の心を捉えたのであった。

留岡は同志社を卒業し就職するに当たって選択したことは、当時日本の二大暗黒の一つ「監獄」の改良であった。

それ以降選んだ正義の戦いを生涯やめることはなかった。

実際に監獄の教誨師をしてヒアリングを重ねて得た真実は、監獄に送り込まれて来る人の多くが、少年時代に家庭の愛を十分に享受していないために非行少年になったという事実を知り、凶悪犯を減少させるためには、非行少年の救済と愛による教育が重要であることを悟り、監獄改良の代わりに家庭学校を巣鴨と北海道に創り、その経営のために生涯を捧げた。留岡の生涯は義の戦いであった。

山田方谷の理念「至誠惻怛」は至誠をもって貧しい人々に愛を施し救済することであったが、留岡の家庭学校による不良少年の救済は方谷の理念の実践であったと言えよう。

むすび

終章では方谷に強い影響を受けたキリスト教徒すなわち福西志計子、伊吹岩五郎および留岡幸助の三人を個別に検証してみたが、最後に三者を一括して、方谷の理念と比較してみよう。

まず最初に山田方谷の理念である「至誠惻怛」とこの三者がどのように関連するのかを考えたい。

前に述べたようにこの理念は三つに分離される。（一）至誠、（二）惻怛、（三）貧しい人々のために、である。

これを三人に適用すると、福西志計子は至誠一筋で通したし、ことに貧しい生徒に奨学制度を適用して就学させた。方谷の惻怛は福西志計子にとって、何の違和感もなくキリスト者の愛であった。

また伊吹岩五郎も至誠を貫き接した人から信頼された。また明治二十年代の同志社の卒業生に見られる「いと小さき者」へ愛を捧げた。伊吹の場合にもキリスト教の愛と方谷の理念は完全に融合していたと思われる。

留岡に致ってはキリスト教の愛と方谷の理念は何の異和感もなく融合していた。二人は全く同じ類型の人間であった。

三者を一くくりにしても、方谷とほぼ同じ類型の人達であると言えよう。

その意味でも陽明学とプロテスタントの理念は類似性が強いものと判定される。

あとがき

これまで山田方谷に関する主な研究は、
① 山田方谷による松山藩の行財政改革が成功した事績
② 戊辰戦争後の諸問題の解決について方谷が果たした役割
③ 方谷の陽明学と牛麓舎・長瀬塾・小阪部塾における方谷の教育活動
であったが、筆者はこれに加えて、
④ 閑谷学校における『師門問弁録』などを通して方谷の陽明学の究明と師弟の心の交流
⑤ 明治以降において方谷が与えた影響についての調査研究、ことにキリスト教徒との関係
について究明している。

本書は小著ながらも、池田光政、熊沢蕃山から始めて主に④と⑤に主力をおいてまとめたもので、従来の山田方谷研究に新しい一頁を加えるものと信じている。御一読いただければ幸いである。

平成二十七年初秋

宝塚市清荒神にて
倉田和四生

■著者紹介

倉田　和四生　（くらた　わしお）

学歴
昭和 32 年 3 月　関西学院大学大学院修士
昭和 40 年 8 月　マサチューセッツ大学（2 か年）
昭和 46 年 2 月　文学博士（関西学院大学）

職歴
昭和 46 年10月　関西学院大学　社会学部教授
昭和 51 年 4 月　同上　学部長
昭和 58 年10月から平成元年 3 月　関西学院院長代理
平成 9 年 3 月　同上定年退職　名誉教授
平成 9 年 4 月　吉備国際大学　社会学部教授
平成 11 年 4 月　同上　学部長
平成 14 年 4 月　同大学　副学長
平成 16 年 4 月　順正短期大学　学長
平成 18 年 4 月　吉備国際大学大学院　教授
平成 20 年 3 月　吉備国際大学　定年退職

主著
昭和 45 年　『都市化の社会学』法律文化社
昭和 59 年　翻訳　T・パーソンズ『社会システムの構造と変化』創文社
昭和 60 年　『都市コミュニュティ論』法律文化社
平成 8 年　『北米都市のエスニック・コミュニュティ』ミネルヴァ書房
平成 11 年　『防災福祉コミュニュティ』同上
平成 17 年　『留岡幸助と備中高梁』吉備人出版
平成 18 年　『福西志計子と順正女学校』同上
平成 21 年　『山田方谷の陽明学と教育理念の展開』明徳出版社
平成 27 年　『中島重と社会的基督教』関西学院大学出版会

山田方谷の陽明学と教育実践

2015 年 12 月 10 日　初版第 1 刷発行

■著　　者——倉田和四生
■発 行 者——佐藤　守
■発 行 所——株式会社 大学教育出版
〒 700-0953　岡山市南区西市 855-4
電話（086）244-1268　FAX（086）246-0294
■印刷製本——モリモト印刷 ㈱

ISBN978－4－86429－352－5